Sigrid Scheifele (Hg.)
Migration und Psyche

»edition psychosozial«

Sigrid Scheifele (Hg.)

Migration und Psyche

Aufbrüche und Erschütterungen

Mit Beiträgen von Ursula Apitzsch,
Mohammad E. Ardjomandi, Isabel Bataller Bautista,
Mario Erdheim, Alf Gerlach, Irmhild Kohte-Meyer,
Sigrid Scheifele und Gesine Sturm

Psychosozial-Verlag

Bibliografische Information Der Deutschen Nationalbibliothek
Die Deutsche Nationalbibliothek verzeichnet diese Publikation in der Deutschen Nationalbibliografie; detaillierte bibliografische Daten sind im Internet über <http://dnb.ddb.de> abrufbar.

Originalausgabe
Überarbeitete Ausgabe der Zeitschrift *psychosozial*, 26. Jg., Nr. 93, Heft III (2003)

Walltorstr. 10, D-35390 Gießen.
Tel.: 0641/969978-18; Fax: 0641/969978-19
E-Mail: info@psychosozial-verlag.de
www.psychosozial-verlag.de

Umschlagabbildung: Fotografie von Sigrid Scheifele
Umschlaggestaltung nach Entwürfen des Ateliers Warminski, Büdingen.
Satz & Gestaltung: Hanspeter Ludwig, Wetzlar
Printed in Germany
ISBN 978-3-89806-864-2

Inhalt

Vorwort 7
Sigrid Scheifele

Migration und Psyche –
Aufbrüche und Erschütterungen 9
Sigrid Scheifele

Faszination und Befremdung
in der interkulturellen Psychotherapie 21
Alf Gerlach

Vernehmen und Erreichen –
psychoanalytische Begegnung
im transkulturellen Raum 35
Irmhild Kohte-Meyer

Die transkulturelle Psychotherapie
nach Marie Rose Moro 57
Gesine Sturm

Ambiguität, Angst und Fantasien
im Kontakt mit Ausländern 75
Isabel Bataller Bautista

Zur Spezifität des ödipalen Konflikts
der Muslime im Vorderen Orient am Beispiel Irans 97
Mohammad E. Ardjomandi

Zur Dialektik der Familienbeziehungen
und zu Gender-Differenzen
innerhalb der Zweiten Generation 113
Ursula Apitzsch

Glück und Unglück in der Emigration 137
Mario Erdheim

Die Autorinnen und Autoren 149

Vorwort

Die Beiträge dieses Bandes sind wesentlich aus zwei Tagungen hervorgegangen, die die Gruppe *Migration und interkulturelle Psychoanalyse am Frankfurter Psychoanalytischen Institut* veranstaltet hat. Der Gruppe gehören außer der Herausgeberin an: Francesca Forlani, Pierre E. Frevert, Regine Legutke und Rosalba Maccarone-Erhardt. Den Schwerpunkt der ersten Tagung bildete die Auseinandersetzung mit den unbewussten Phantasien, die die Begegnung mit den/dem Fremden auslöst. Die Konflikte zwischen den bewussten Phantasien und Gedanken mit den unbewussten wurden untersucht. Im Augenmerk der zweiten Tagung lag die Diskussion der Chancen wie auch der Erschütterungen durch den Aufbruch in die Migration.

Unser Dank gilt Rosi Wolf-Almanasreh, der vorigen Leiterin des Amts für multikulturelle Angelegenheiten der Stadt Frankfurt a. M., und Helga Nagel, der derzeitigen Leiterin des Amts. Ohne die finanzielle Unterstützung durch das Amt für multikulturelle Angelegenheiten wären die Veranstaltungen nicht zustande gekommen. Danken möchten wir auch Dr. Maria Gazzetti, der Leiterin des Literaturhauses Frankfurt a. M., und Susanne Gumbmann, seiner Geschäftsführerin, die uns das Literaturhaus großzügig zur Verfügung gestellt haben.

Sigrid Scheifele

Migration und Psyche – Aufbrüche und Erschütterungen

Sigrid Scheifele

Zur Begegnung von Fremdem und Eigenem

Das Thema Migration ist bedeutsam, nicht nur, weil die Mobilität in Europa und weltweit zugenommen hat. Sich nicht der Auseinandersetzung mit dem Thema Migration zu stellen, hieße die Wirklichkeit, in der wir leben, erheblich eingeschränkt wahrzunehmen. Wir würden über mehr als ein Drittel der in Frankfurt Lebenden hinwegsehen und darüber, wie wir das Zusammentreffen von Fremdem und Eigenem erfahren und gestalten.

Die Wanderungsbewegungen der Menschen haben viele Ursachen und unterschiedliche Ziele: Manche werden durch Krieg, politische oder religiöse Verfolgung gezwungen, ihr Land zu verlassen, andere entfliehen wirtschaftlicher Not. Unter denjenigen, die aus freien Stücken aufbrechen, um in einem anderen Land ihr Glück zu machen, gibt es viele, die nach einer bestimmten Zeit zurückkehren möchten, andere streben eine endgültige Änderung des Lebensortes an. Zudem gibt es die Rückwanderung der Nachfahren der einst aus Deutschland – beispielsweise nach Siebenbürgen, in die Ukraine – Ausgewanderten.

So unterschiedlich die Motive und die Schicksale sind, gibt es doch Verbindendes. Migranten der ersten Generation suchen Beratungsstellen und psychoanalytische wie psychotherapeutische Praxen nur zögerlich auf. Oftmals bieten die Kinder den äußeren Anlass, wenn sie im Kindergarten oder in der Schule sozial, durch Lernschwierigkeiten oder Krankheit aufgefallen sind.

Später entwickelt sich hieraus gelegentlich das Interesse der Eltern, für sich selbst nach einer Möglichkeit des Gesprächs zu suchen. Die zweite Generation der Migranten findet eher diesen Weg. In aller Regel sprechen Migranten der ersten Generation nicht von sich aus von der Bedeutung der Migration in ihrem Leben. Manchmal ist die Erzählung über das Herkunftsland von starken Schamgefühlen begleitet, die erst allmählich eine lebendigere Erzählung zulassen. Auch die hier aufgewachsenen oder hier geborenen Kinder der Migranten sprechen von selbst kaum darüber. Manchmal scheint von vornherein festgelegt zu sein, welche Kultur die fortschrittliche und welche die rückschrittliche ist, welche die gute und welche die schlechte. Welche besonderen Anforderungen richtet »das Leben in geteilten Welten« – so bezeichnet es Farideh Akashe-Böhme – an Migranten und Migrantinnen wie auch an uns als AnalytikerInnen, als PsychotherapeutInnen, BeraterInnen? Einigen Aspekten dieser Frage möchte ich im Folgenden nachgehen.

Voranstellen möchte ich Reflexionen des ägyptischen Islamwissenschaftlers Nasr Hamid Abu Zaid, der mit seiner Frau im holländischen Exil lebt. Abu Zaid schreibt:

> »Nur zu Hause sprechen wir immer Arabisch. Wir schauen auch das arabische Fernsehprogramm. Ich habe Angst, vieles zu verlieren, zuallererst natürlich meine Sprache, aber auch anderes mehr. Werde ich noch derselbe Mensch sein, wenn ich zurückkehre? Wird sich mein Umgang mit den Menschen nicht verändert haben, meine Art, auf Leute zuzugehen, auf sie zu reagieren, Höflichkeiten zu verteilen und durch die Blume zu sprechen, bestimmte Nuancen in der Stimme zu bemerken und meiner eigenen Stimme diese Nuance zu verleihen. Werde ich noch in der Lage sein, einen Witz zu verstehen? Und während eines Vortrags selbst einen Witz präzise zu plazieren und so zu erzählen, dass die Zuhörer darüber lachen? Der ägyptische Humor ist mir wertvoll, und ich habe Angst um ihn. Ich schaue mir alte Filme im Fernsehen an und lache von ganzem Herzen. In Ägypten habe ich sie nicht so komisch gefunden, aber heute lache ich. Ich werde auch richtig wütend, wenn ich einen schlechten ägyptischen Film sehe; früher habe ich mich über soetwas nicht aufgeregt. Ich merke, dass es schwerer wird zurückzukehren, je länger das Exil dauert. Die Angst wird größer, dass auch die Heimat einst nichts als ein Exil sein könnte« (Abu Zaid 2001, S. 191).

Die Migration ist in der Regel mit dem Erlernen einer neuen Sprache verbunden, die die zentrale Sprache zumindest der außerfamiliären Kommunikation wird. Die nicht sprachlich gefassten Elemente der kulturellen Identität wie Gerüche, die Farben des Sonnenlichts, Temperaturen, Gesten und Blicke, Rhythmus und Klang der außerhäuslichen Sprache sind in der neuen Umgebung nicht mehr verfügbar. Oftmals werden Bildungsabschlüsse und berufliche Qualifikationen der Migranten hierzulande nicht anerkannt, sodass die Einzelnen von vornherein eine soziale und berufliche Deklassierung hinzunehmen haben. Dies ist in jedem Fall kränkend und muss erst verkraftet werden. Die Psychoanalytiker Leon und Rebecca Grinberg sprechen vom »Ich-Beben« und finden damit einen, wie ich finde, treffenden bildhaften Ausdruck für die Belastungen, denen der Einzelne durch die Migration ausgesetzt ist.

Haben sich im Fall der Arbeitsmigration die Eltern oder zunächst ein Elternteil für die Migration oder Aussiedlung entscheiden können, so gilt dies für die Kinder nicht. Sie hatten zu folgen. Hier aufgewachsene oder geborene Kinder von Migranten erleben oftmals ihre Eltern als unsicher und geraten leicht in die Rolle der Vermittler zwischen Behörden, Ärzten und Eltern. Ihre Situation unterscheidet sich auch darin von der der Elterngeneration, dass sie die Kultur des Herkunftslandes der Eltern eher als familiäre wahrnehmen und zugleich der außerfamiliär herrschenden in höherem Maße ausgesetzt sind. In der Schule sind sie mit anderen Normen und Möglichkeiten konfrontiert als innerhalb der Familie. Dies in sich zu vermitteln bleibt ihre Aufgabe. In der Migration geborene Kinder übernehmen oft die sprachlosen Erschütterungen der Eltern und wissen nicht, dass es nicht ihre eigenen sind. Nicht selten werden sie zu Hoffnungsträgern der Eltern: Sie sollen das erreichen, was der Elterngeneration nicht möglich war. Zugleich werden sie oftmals am Erreichen dieses Ziels gehindert, weil sie ihr Vorwärtskommen als Entwertung von Vater oder Mutter erleben. Unausgesprochene Neidgefühle der Eltern mögen ebenfalls hemmend wirken oder, ganz im Gegenteil, in allzu großes Leistungsstreben münden, mit dem die emotionalen Bedürfnisse nicht Schritt halten können und bei dem die Liebeswünsche frustriert bleiben.

Konflikte zwischen Eltern, die als Arbeitsmigranten gekommen sind, und ihren Kindern können oft innerhalb der Familie nicht in einer sprachlichen Auseinandersetzung geklärt werden. So halten gelegentlich die Kinder ihre Eltern für eigensüchtig und geizig, wenn der größte Teil des Erworbenen in den Bau eines Hauses im Herkunftsland der Eltern oder in Grundstücke dort investiert wird, und hier, wo die Familie alltäglich lebt, Mangel herrscht. Nicht selten wird die durch die Erschütterung der Migration gegebene Anforderung an das Erleben des Einzelnen im Äußeren, mit anderen inszeniert, beispielsweise zwischen dem Paar. Dabei übernimmt dann eine Seite die mit der Migration verbundenen Hoffnungen und Chancen, die andere formuliert den Überdruss über allzu große Anforderungen des Einlebens im Aufnahmeland, dem durch eine baldige Rückkehr in eine scheinbar unverändert gebliebene, idealisierte erste Heimat begegnet werden soll.

Die hier skizzierte Tendenz zur Polarisierung und Spaltung wird in der interkulturellen Therapie ebenfalls inszeniert. So kann es geschehen, dass wir als BeraterInnen, als PsychoanalytikerInnen oder als PsychotherapeutInnen des Aufnahmelandes idealisiert werden, oder aber misstrauisch aufgenommen und als verfolgend erlebt werden. Den Raum zu eröffnen, in dem die analytische Begegnung fruchtbar werden kann – der englische Psychoanalytiker D.W. Winnicott nennt den Bereich, in dem zwischen Personen ein schöpferischer Prozess in Gang kommen kann, »potential space«, Möglichkeitsraum –, verlangt mehr an Bereitschaft, sich irritieren zu lassen und eine spezifische Fähigkeit, die Irritationen in der Analyse der Gegenübertragung wie auch in gemeinsamer Arbeit fruchtbar zu machen, als wenn beide das kulturelle Milieu teilen.

Nicht selten hinterlassen bei den ersten Gesprächen hier aufgewachsene oder hier geborene Kinder von Migranten den Eindruck einer Verwirrung und Verstörung, wie wir sie eher bei psychotischen Patienten zu finden gewohnt sind. Lässt man sich auf eine längerfristige gemeinsame Arbeit ein, so löst sich oftmals die diagnostische Unsicherheit auf: Nicht psychotische Konflikte und Dilemmata haben die Verwirrung und Unruhe hervorgerufen, sondern diese rührt her von einer tiefen Unsicherheit des Patienten, wohin er überhaupt gehört, wie die der Herkunfts- oder familiären Kultur entstammenden Wünsche, Ge- und Verbote und die anderen der Aufnahmekultur zu vermitteln sind. Meines Erachtens könnte eine Verbreitung dieser Erkenntnis manchem Patienten aus einer Familie von Migranten eine Karriere in der Psychiatrie ersparen.

Es gehört zu jeder analytischen Begegnung, dass sich der Psychoanalytiker oder die Psychoanalytikerin die eigenen latenten Vorannahmen bewusst zu machen sucht und reflektiert, nicht zuletzt wenn es zu Störungen oder Konflikten im analytischen Prozess kommt. In der interkulturellen Psychotherapie werden die latenten Voranahmen des Analytikers eher mehr als in einer, in der beide einer Kultur angehören, infrage gestellt – auch wenn diese selbst in sich differenziert ist, regional, schicht- oder milieuspezifisch, durch den Unterschied von Stadt und Land. Andere kulturell bestimmte Arten der Körperpflege des Säuglings, des Kindes, andere Fantasien der Eltern über das Kind, darüber, was ein Mann und was eine Frau ist, gehen auch in die analytische Beziehung ein und können in ihr Irritationen hervorrufen. Nicht bewusst gemachte Voranahmen oder Vorurteile darüber, was fremd und was eigen ist, über die andere Kultur und die eigene, können die Abwehr der AnalytikerIn gegen die Annahme der Übertragungsangebote hervorrufen. Mehr als in der monokulturellen Psychoanalyse ist der Analytiker gefordert, sich aktiv um die Erkenntnis seiner blinden Flecken zu kümmern. Hilfreich ist hierbei, wenn er sich für die Kultur der PatientIn interessiert und etwas über sie erfahren möchte. Georges Devereux' Entwurf der komplementaristischen Methode zur Erforschung der Subjektivität in einer fremden Kultur ist auch bedeutsam für die Begegnung in der interkulturellen Psychotherapie. Das Interesse des Analytikers daran, die kulturellen und sozialen Implikationen eines Konflikts oder einer Störung von individuellen, »idiosynkratischen« unterscheiden zu lernen, fördert die interkulturelle analytische Arbeit. Um dies an einem einfachen Beispiel deutlich zu machen: In der Behandlung eines Patienten aus Lateinamerika, der häufiger zu spät kommt, wäre es verfrüht, dies umstandslos als Ausdruck eines typisch lateinamerikanischen Verhältnisses zur Zeit anzunehmen und sprachlos zu tolerieren. Es wäre ebenso verfrüht, dies gleich im Sinne einer Abwehr zu deuten. Erst die Klärung im analytischen Prozess wird mehr Sicherheit für die Einschätzung der Bedeutung dieses Phänomens für diesen Menschen und in diesem Moment der analytischen Begegnung erbringen. Hieran zeigt sich zweitens, dass die in jeder analytischen Beziehung abzuwägende Frage nach dem angemessenen Zeitpunkt für eine Deutung, in einer interkulturellen analytischen Beziehung mit noch größerer Sorgfalt erwogen werden sollte. Beide, Patient wie Analytiker, müssen sich den Raum erst erarbeiten, in dem eine Verständigung über kulturelle und individuelle Bedeutungen möglich wird. Insofern ist die in der älteren psychoanalytischen Literatur thematisierte Frage, ob eine Psychoanalyse in einer anderen als der Muttersprache möglich sei, zu erweitern zur Frage, welche Voraussetzungen eine interkulturelle Psychoanalyse oder Psychotherapie begünstigen oder überhaupt erst in Gang kommen lassen.

Ich möchte diese Skizze mit Nasr Hamid Abu Zaid, dem ins Exil getriebenen Wissenschaftler, schließen. Er beschreibt, was sich an seiner inneren und äußeren Wahrnehmung im Exil verändert hat:

> »Ich rieche das Gras, den Geruch des Backofens. Manchmal steigt mir der Geruch von frischgebackenem Brot in die Nase, als sei ich noch das Kind, das zu Hause am Backofen sitzt. Seit fünfzig Jahren gibt es weder einen Backofen noch frischgebackenes Brot in meinem Leben. Das Gras, das ich rieche, ist das Gras von Quhafa. Den Geruch von Kuhmist, den ich in Leiden wiedergefunden habe, finde ich seit neuestem wundervoll. Am sonderbarsten ist wohl, dass ich manchmal den Gebetsruf höre, obwohl es in Leiden überhaupt keinen Muezzin gibt. Ich höre einen Laut, und schon verwandelt er sich in den Gebetsruf. Das ist die Resonanz auf eine Musik, die in meinem Inneren fortwährend spielt. Als ich in Kairo war, habe ich gern europäische klassische Musik gehört. Jetzt kann ich sie nicht mehr ertragen. An einem Abend saß ich mit einer Gruppe von Irakern zusammen. Einer von ihnen, kein Musiker, sondern ein Regisseur, sagte mir: Ich werde dich fröhlich stimmen. Er begann, die Lieder von Abd al-Wahab und Umm Kulthum zu singen, jenen Sängern, die ich als Jugendlicher immer hörte, ohne sie sonderlich zu mögen. Er hatte eine wunderbare Stimme. Ich habe so eine Wehmut verspürt« (Abu Zaid 2001, S. 191f.).

Anschließend möchte ich einen anderen Zugang zum Thema erproben. Ich werde einen Roman des nigerianischen Schriftstellers Chinua Achebe interpretieren. Aus der Interpretation wird sich eine Struktur der Konflikte genauer bestimmen lassen, in die MigrantInnen aus der außereuropäischen und europäischen Peripherie unvermeidlich geraten.

Aufbrüche und Erschütterungen

In seinem zuerst 1960 auf Englisch erschienenen Roman *No longer at ease* werden Aufbrüche und Erschütterungen eines Migranten entworfen, die ebenso sein Leben im neuen Land, wie auch sein Verhältnis zur ersten Heimat prägen. Die literarische Schilderung setzt mit der Rückkehr der Hauptfigur Obi Okonkwo ein. Ich möchte nun in aller Kürze drei Konfliktlagen skizzieren.

1. Der »kulturelle Schatten« (Luc Michel)

Von seinem Aufenthalt in England kehrt Obi nach Nigeria mit dem Vorsatz zurück, weder selbst Bestechungsgelder anzunehmen noch hinzunehmen, dass andere Bestechungsgelder erwarten. Wie allen Nigerianern mit einem Studienabschluss ist ihm eine Position in der zentralen Verwaltung sicher. Der Roman setzt ein mit der Schilderung einer Gerichtsverhandlung, in der Obi der Bestechung angeklagt ist. Wie kam es, dass Obi nicht an seinem Vorsatz festhalten konnte?

Der Roman zeigt die Hauptfigur in einen vielschichtigen Konflikt zwischen alten Abhängigkeiten und dem Drang nach Unabhängigkeit verstrickt:

- Der begabte Schüler erhält die Unterstützung der Vereinigung der in die Hauptstadt migrierten Dorfbewohner nicht nur zu seinem eigenen Wohl; er soll auch in der modernen Gesellschaft erfolgreich sein, um alle aus dem Dorf Stammenden stolz zu machen und sie in ihr zu vertreten. Mit der Wahl seines Studienfachs, englische Literatur statt wie erwartet Jura, verweigert er sich von Anfang an der vollen Annahme seines Auftrags. Um sich der weiteren Einmischung in sein Leben zu erwehren, möchte Obi schneller als es seinen Verhältnissen entspricht, dem Verein das für ihn aufgebrachte Geld zurückerstatten. Dadurch gerät er in neue Abhängigkeiten.
- Er möchte der traditionellen Erwartung entsprechen und die gebrechlich gewordenen Eltern und noch nicht erwachsenen Geschwister unterstützen.
- Zugleich kommt er mit dem Leben in Berührung, das von einem höheren Regierungsangestellten erwartet wird, und das ihn selbst reizt. Neben den anderen Verpflichtungen kann er für dieses Leben nicht mit seinem Gehalt allein aufkommen. Auch dies führt zu neuen Abhängigkeiten.
- Auf dem Schiff, mit dem er nach Nigeria zurückkehrt, verliebt er sich in Clara. Zwar gehört sie wie Obi dem Volk der Ibos an, doch ist sie nach den Vorstellungen der traditionellen Religion für eine Ehe tabu. Obi schlägt alle Warnungen aus – Warnungen Claras, Warnungen seiner Freunde, Warnungen der Vereinigung und schließlich seiner Eltern. Die persönlichen Beziehungen zerbrechen darüber:
- Obi bricht mit seinen Freunden.
- Die Mutter droht mit Selbstmord, sollte Obi zu ihren Lebzeiten doch die verbotene Frau heiraten.

- Clara bricht ohne Obis Einwand ihre Schwangerschaft ab und beendet dann ihre Beziehung mit Obi.

Sein Aufbruch lässt ihn seinen Wunsch, sich von den dörflichen Normen zu emanzipieren, drängend spüren. Die daraus erwachsenden Konflikte erschüttern seine Vorstellungen und Beziehungen, ohne dass neue Modelle schon sicher bereitstünden. Ohne Rückhalt in seinen Beziehungen verstrickt sich Obi in die von ihm abgelehnte Korruption.

Es ist die Ironie der Geschichte Obis, dass der Angeklagte ausgerechnet bei der Vereinigung der Umuofianer Unterstützung findet. Sie missbilligen zwar sein Tun, doch ist die Dorfloyalität aller Missbilligung zum Trotz stärker:

> »Wenn die Zeit der Ermahnungen und Verwarnungen käme, würden die Männer von Umuofia dem jungen Mann gewiss ein volles, gedrücktes, gerütteltes und überfließendes Maß davon geben. Der Präsident sagte, dass es für einen Mann im höheren Dienst eine Schande sei, wegen zwanzig Pfund ins Gefängnis zu gehen. ›Zwanzig Pfund‹, wiederholte er und spuckte dabei aus. ›Ich bin dagegen, dass Leute ernten, wo sie nicht gesät haben. Doch in einem unserer Sprichwörter heißt es, wenn einer eine Kröte fressen will, dann soll er sich wenigstens eine fette und saftige aussuchen‹« (Achebe 2002, S. 12).

Ein Umuofianer begreift Obis Scheitern folgendermaßen:

> »›Schuld ist nur seine Unerfahrenheit‹, meinte ein anderer. ›Er hätte das Geld nicht selber nehmen sollen. Die anderen sagen, man soll es dem Hausboy geben. Obi hat etwas gemacht, was jeder tut, er wusste bloß nicht, wie man es macht.‹ Er führte die Fabel von der Hausratte an, die mit ihrer Freundin, der Eidechse, schwimmen ging und sich eine tödliche Erkältung zuzog, weil ihr haariger Körper feucht blieb, während das Schuppenkleid die Eidechse trocken hielt«[1] (Achebe 1963, S. 13).

Obis Unvertrautheit mit den kulturellen Gepflogenheiten im modernen Nigeria ist hier der Grund für seine schmachvolle Erniedrigung. Auf Unvertraut-Sein deutet bereits der Titel des Romans hin. *No longer at ease*, diese Wendung macht auf den Verlust des Sich-wohl-Fühlens, im Sinne von Zuhausesein, aufmerksam. Die neue Übersetzung von Susanne Kohler trifft mit dem Titel *Heimkehr in fremdes Land* die Bedeutung genau. Die Distanz zum alten Leben und den dazugehörenden Beziehungen bei gleichzeitigem Drang nach Veränderung macht verwundbar. Wie lange es dauern kann, wie viel Erschütterung zu ertragen und wie viel Mühe erforderlich ist, bis sich ein anderes Verhältnis von herkömmlich Vertrautem und neu Entworfenem entwickeln lässt, wissen wir aus den Lebensgeschichten von Migranten und ihren Kindern.

2. Gewalterfahrung als migrationsbedingend

Ich möchte nun auf eine zweite Überlegung eingehen, zu der Chinua Achebes Roman hinführt: Veränderungen des kulturellen Symbolsystems, die ja nicht in jedem Fall zugleich eine Veränderung des Orts, des räumlichen Lebensmittelpunkts zu sein brauchen, sind oftmals Resultate von Gewalterfahrungen. Im Roman zeigt sich dies daran, wie der Vater der Hauptfigur zum Christen wird:

> »›Ich war noch ein Junge, als ich das Haus meines Vaters verließ und mich den Missionaren anschloss. Mein Vater sprach einen Fluch über mich aus. Ich war nicht da, als es geschah, doch meine Brüder berichteten mir, dass es tatsächlich so geschehen sei. Es ist schrecklich, wenn ein Mann sein eigenes Kind verflucht. Und ich war sein erstgeborener Sohn‹« (Achebe 2002, S. 158).

Trotz der Aufforderung seines Lehrers aus der Missionsschule weigert sich Obis Vater, zum Begräbnis des Großvaters zu gehen. Er weigert sich, weil er den Tod seines brüderlichen Freundes Ikemefuna nicht vergessen kann, mit dem »›ich in der Hütte meiner Mutter groß geworden war, bis ihn mein Vater eines Tages eigenhändig tötete‹« (Achebe 2002, S. 158).

Der Erzähler erläutert:

> »Obis Vater und Ikemefuna waren unzertrennlich gewesen. Doch eines Tages hatte das Orakel der Hügel und Höhlen den Tod des Jungen verlangt. Obis Großvater liebte den Jungen sehr. Doch als der Augenblick kam, war es sein Buschmesser, das ihn erschlug« (Achebe 2002, S. 158f.).

Obis Vater kommt über die Unerbittlichkeit seines Vaters nicht hinweg. Er ergreift den christlichen Glauben, ein anderes kulturelles Symbolsystem mithin, und widersetzt sich fürderhin der Religion der Väter:

> »›Ich verließ das Haus meines Vaters, und er sprach einen Fluch über mich aus. Ich ging durchs Feuer, um Christ zu werden. Weil ich gelitten habe, verstehe ich den christlichen Glauben – besser, als du ihn jemals verstehen wirst‹« (Achebe 2002, S. 158).

Gewalterfahrungen als Ursache von Migration lassen sich unschwer bei vor direkter Gewalt Fliehenden erkennen: bei Kriegsflüchtlingen, ins Exil Getriebenen, Asylsuchenden ... Auch strukturelle Gewalt als Resultat der politischen Herrschaftsverhältnisse im Herkunftsland[2] oder als Resultat der Globalisierung lassen sich leicht benennen. Weniger offenkundig ist aber die Frage der Gewalt, wenn der Konflikt um die traditionale Herrschaft im Hintergrund steht: Handele es sich nun um einen schwelenden Generationenkonflikt oder um den schwelenden Konflikt mit modernen Formen von Günstlingswirtschaft, die den fachlich Qualifizierten keine Chance lassen. Auf diese unterschiedlichen Gewalterfahrungen macht Achebes Roman aufmerksam und führt die konflikthaften Lösungsversuche vor.

Bei Obi zeigt sich die Dimension des Aufbruchs und auch ein mit ihm einhergehender Verfall zur Sprachlosigkeit. Beschämt und stumm steht Obi als Kind in der Schulklasse, weil er keine der Geschichten wiedergeben kann, durch die Mütter ihre Kinder ins Leben einführen. Seine Mutter hat auf Geheiß des Vaters diese Geschichten nie erzählt. Altes ist verpönt, neue Tradition hat sich noch nicht der vielfältigen Lebenspraxis entsprechend entwickelt – so sind Lücken entstanden. Um sie zu füllen, wird teils doch auf das durch Rebellion scheinbar Überwundene zurückgegriffen, ohne dass es zwischen dem Verpönten und dem neu Ergriffenen zu einer hinreichenden Auseinandersetzung kommt. Angesichts von Obis Wunsch, Clara zu heiraten, wird deutlich, dass das traditionelle Symbolsystem der Ibo-Religion durchaus wirksam geblieben ist: Vater und Mutter sind über das Vorhaben des Sohnes entsetzt. Das traditionelle Symbolsystem existiert neben dem neu ergriffenen und zeigt sich nun im Aufbruch des Konflikts als handlungsanweisend.

3. »[…] die Landschaft, das Wort meiner Kindheit« (Jorge Semprun)

Eine Verbindungslosigkeit zeigt sich auch in Obis Verhältnis zu den erotischen Worten der Ibo- und der englischen Sprache. Obi fährt zum ersten Besuch nach der Rückkehr im Sammeltransport aufs Dorf:

> »Langsam wurde Obi schläfrig, und seine Gedanken kreisten mehr und mehr um Erotisches. Er dachte an Worte, die er, auch wenn er alleine war, nicht laut aussprechen konnte. Seltsamerweise fielen ihm diese Worte alle in seiner Muttersprache ein. Auf englisch konnte er jedes Wort sagen, egal, wie schmutzig es war; doch einige Ausdrücke in Ibo brachte er einfach nicht über die Lippen« (Achebe 2002, S. 56f.).

In der neuen Sprache verfügt die Hauptfigur der Erzählung nicht über den emotionalen Gehalt, der den Szenen seines Begehrens entspricht. Die vordergründige Erleichterung liegt auf der Hand: Wirksame innere Verbote können beiseitegeschoben werden, ohne sich mit dem Konflikt zwischen alten Normen und der Erfüllung seiner Wünsche auseinandersetzen zu müssen. Mal dieser Spaltung des emotionalen Gehalts von den Worten ist allerdings ein Gefühl von Fremdheit, Unechtsein. Wenn es gelingt, Wort und Gefühl in der neuen Sprache zusammenzuführen, dann geht dies nicht, ohne den Zugang zu den verpönten Bedeutungen in der Muttersprache aufzudecken (vgl. Lorenzer 1970).

Ist der emotionale Zugang zum Zurückgelassenen nicht mehr eingeschränkt, sind alte Hoffungen, Idealisierungen und Enttäuschungen der bewussten Auseinandersetzung zugänglich geworden, dann kann das Verlorene oder nicht Eingetretene betrauert werden. Dies wird eine freiere Aufnahme des Neuen ermöglichen. Kann solche innere Flexibilität errungen werden, so zeigt dies eine progressive Überwindung der Erschütterung durch Migration und Exil. Im gelungenen Aufbruch ist das zurückgelassene Leben aufgehoben und die Verbindung zum aktuellen offen: Ankommen am Ziel ist nun nicht mehr an einen bestimmten Ort gebunden.

Literatur

Abu Zaid, N.H. (2001): Ein Leben mit dem Islam. Erzählt von Navid Kermani. Freiburg (Herder).

Achebe, C. (1963): Obi. Ein afrikanischer Roman. Aus dem Englischen von Josef Tichy. Wiesbaden (Brockhaus).

Achebe, C. (2002): Heimkehr in fremdes Land. Aus dem Englischen von Susanne Koehler. Frankfurt a.M. (Suhrkamp).

Akashe-Böhme, F. (2000): In geteilten Welten: Fremdheitserfahrungen zwischen Migration und Partizipation. Frankfurt a.M. (Brandes & Apsel).

Devereux, G. (1978): Ethnopsychoanalyse. Frankfurt a.M. (Suhrkamp).

Grinberg L.; Grinberg R. (1990): Psychoanalyse der Migration und des Exils. Wien (Verlag Internationale Psychoanalyse).

Lorenzer, A. (1970): Sprachzerstörung und Rekonstruktion. Vorarbeiten zu einer Metatheorie der Psychoanalyse. Frankfurt a.M. (Suhrkamp).

Michel, L.: Kulturelle Stereotypen in Übertragung und Gegenübertragung in der interkulturellen Psychotherapie. In: Pedrina, F. (Hg.) (1999): Kultur, Migration, Psychoanalyse: therapeutische Konsequenzen theoretischer Konzepte. Tübingen (ed. diskord), S. 29–45.

Semprun, J. (2002): Der Tote mit meinem Namen. Frankfurt a.M. (Suhrkamp).

Winnicott, D.W. (1992): Vom Spiel zur Kreativität. Stuttgart (Klett-Cotta).

Anmerkungen

1 Josef Tichys Übersetzung der Sprache des einfachen Volks entspricht besser dem gebrochenen Englisch, das Chinua Achebe im Roman häufiger verwendet.

2 Ein junger in der Schweiz lebender Afrikaner leidet an Lernschwierigkeiten und sucht deshalb einen Psychoanalytiker auf. Dem Analytiker war zunächst der Zorn des jungen Mannes über die Unmöglichkeit, in seiner Heimat das studieren zu können, was er studieren möchte, unverständlich:

»Als ich das hörte, wurde mir bewusst, dass ich immer davon ausgegangen war, dass ein Student aus einem Drittweltland zufrieden damit sein müsse, in der Schweiz studieren zu können. Das wiederum führte mich vermutlich zur weiteren Annahme, dass nämlich ein Student mit depressiven Symptomen und Schwierigkeiten und Klagen bezüglich seines Studiums wohl über ein unzureichendes Ausbildungsniveau verfüge. Plötzlich war ich mit jemandem konfrontiert, für welchen der ›weiße gebildete Akademiker‹ kein Ideal darstellte, eher im Gegenteil! Die Diskrepanz zwischen meinen Vorurteilen und seinem Erleben warfen ein Licht auf meine Stereotype« (Michel 1999, S. 33).

Faszination und Befremdung in der interkulturellen Psychotherapie

Alf Gerlach

»Welche unbewussten Phantasien und Reaktionen löst die Begegnung mit dem/den Fremden aus? In welchem Konflikt stehen sie mit den bewussten Phantasien und Gedanken?« Diese erkenntnisleitenden Fragen stellte der kurze Text, mit dem zu einer Tagung über Migration und interkulturelle Psychotherapie eingeladen wurde. Der Text unterstellt damit einen Konflikt zwischen unseren bewussten Einstellungen, Empfindungen und Absichten, mit denen wir dem Fremden und den Fremden entgegentreten, und unserem Unbewussten, mit dem wir auf eine uns verborgen bleibende Weise reagieren. Dieses Verborgene äußert sich zwar, in uns seltsam anmutenden Gefühlen, Gedanken und Handlungsimpulsen, muss aber erst dechiffriert werden, bis wir ihm einen Sinn entnehmen können.

Das Wort »Begegnung« in der Fragestellung impliziert, dass man sich nicht aus dem Wege geht, sich meidet, sondern sich aufeinander zu bewegt, sich im Prozess der Bewegung aufeinander zu wahrnimmt und auf diese Wahrnehmung reagiert. Es geht dabei nicht um eine einseitige Relation, sondern um einen wechselseitigen Prozess zwischen zwei oder mehr Beteiligten mit zahlreichen bewussten und unbewussten Aspekten. Nehme ich meine Begegnung als Autor eines Textes mit einem Auditorium als Beispiel, so muss ich davon ausgehen, dass schon lange vor unserem Zusammentreffen sich bewusste und unbewusste wechselseitige Erwartungen eingestellt haben – von mir als eingeladenem Redner gegenüber einem mir unbekannten Auditorium, aber auch von der Seite der Zuhörenden aus gegenüber mir als einem ihnen zunächst unbekannten Redner. Bewusste Erwartungen gründen dabei in der Regel auf Wissen und Einschätzungen, die sich aufeinander beziehen. Unbewusste Erwartungen gründen dagegen eher in inneren Fantasien über den jeweiligen Anderen, über die Situation und den Ort des Zusammentreffens, über damit verknüpfte Motive, Ziele, Absichten. Dabei werden innere Bilder über das jeweilige Gegenüber aktiviert, die nur selten bewusst werden, sondern sich eher in Stimmungen, Affekten sowie Handlungsimpulsen und -hemmungen ankündigen. Z.B. kann sich der Autor eines Textes während der Vorbereitungen zum Vortrag, ähnlich wie in einer Prüfungssituation, Ängsten ausgeliefert fühlen, die mit einem inneren Bild eines grausamen, auf Vernichtung oder Beschämung zielenden Gegenübers zusammenhängen, in dem sich das Auditorium aber wahrscheinlich nicht wiedererkennen würde. Im Unbewussten des Autors wäre das Auditorium dann zu einem Verfolger geworden, dem er in seiner inneren Fantasie nicht standhalten könnte. Es könnte sich aber auch eine Stimmung gehobener Aufgeregtheit einstellen, die mit einem inneren Bild eines bewundernden, Anerkennung verheißenden Gegenübers zusammenhinge, dessen Lob der Autor einfahren möchte. Es hängt von weiteren unbewussten Fantasien ab, ob ein Autor darauf eher mit einer Vernachlässigung seiner Arbeitsaufgabe oder mit einer noch erhöhten, kreativen Anstrengung reagieren würde.

Psychoanalytiker sind darauf eingestellt, gerade diese in der Regel unbewusst bleibenden Selbst- und Objektimagines bei sich selbst und bei ihren Patienten wahrzunehmen und sie zu einem vertieften Verständnis zu nutzen. In der Psychoanalyse als theoretischer Wissenschaft vom Menschen wie als therapeutischer Methode geht es darum, immer wieder das Unbewusste des Analytikers wie seines Analysanden in den Mittelpunkt des Interesses zu rücken. Dabei bietet die analytische Situation mit ihren Grundregeln der zurückhaltenden Abstinenz beim Analytiker und der freien Assoziation beim Patienten sicher die besten Voraussetzungen für diese Verstehensarbeit. Die psychoanalytische Methode bedient sich dabei der Entfaltung von Übertragung, Gegenübertragung und Widerstand in der psychoanalytischen Begegnung und zielt auf Erkenntnis der unbewussten psychischen Vorgänge. Dazu muss grundsätzlich jede seelische Erscheinung und Äußerungsform infrage gestellt werden können, um sie daraufhin zu untersuchen, wie sie durch unbewusste Einflüsse geformt und evtl. auch deformiert ist; somit wird immer wieder unsere Tendenz zur Täuschung und Selbsttäuschung infrage gestellt.

Aber das Unbewusste ist ubiquitär, verschafft sich Eingang in alle zwischenmenschlichen Begegnungen, in denen ja in der Regel nicht das tiefere Verständnis des Unbewussten, sondern alltägliche Austausch-, Informations- und Klärungsprozesse den Mittelpunkt des Geschehens bilden. Insofern mag es nützlich sein, sich der psychoanalytischen Erkenntnisse zu bedienen, um auch diese alltäglichen Verständigungsprozesse zu verstehen und zu erleichtern.

Im analytischen Prozess geschieht die Begegnung mit dem Unbewussten eines anderen Menschen in der Regel allerdings auf dem Boden eines gemeinsam geteilten Symbol- und Sinnsystems: Vor allem die gemeinsame Sprache, aber auch die Zugehörigkeit zur gleichen Gesellschaft und oft zur gleichen Klasse mit weitgehend ähnlichen Sozialisationserfahrungen bilden einen Bedeutungshintergrund, der nur selten auch analytisch reflektiert werden kann. Erst bei der analytischen Arbeit mit einem Angehörigen einer anderen sozialen Schicht, einer anderen Kultur oder eines anderen Sprachraumes werden die Zusammenhänge zwischen gesellschaftlichen, institutionellen Verhältnissen und innerseelischen Strukturen und Prozessen deutlicher. Erst dann wird der Blick dafür frei, dass auch das kulturelle Milieu darüber entscheidet, welche Triebe und Fantasien unmittelbar kulturell ausgearbeitet werden, welche nur einen indirekten Zugang zu Äußerungsmöglichkeiten erhalten und welche gänzlich unbewusst bleiben oder verdrängt werden. Diese Unterschiedlichkeit in der kulturellen Basis der Beteiligten bewirkt, dass interkulturelle Begegnungen in einem verstärkten Maße Gefühlen von Befremdung und Verunsicherung, aber manchmal auch Faszination ausgesetzt sind.

Ich möchte dies an einem Beispiel erläutern: Als ich im Sommer 2001 in Kunming/China eine Panel-Diskussion zu kulturellen Unterschieden in der Psychotherapie in Ost und West zu leiten hatte, griff mich beim Abgang vom Podium eine chinesische Panelteilnehmerin, eigentlich eine gute Freundin, heftig an: Wie ich es hätte wagen können, ihr als erste das Wort zu erteilen vor dem doch älteren japanischen Kollegen, der mit auf dem Podium saß. Sie fühlte sich offensichtlich beschämt, dass ich sie in eine für ihre Kultur ›unmögliche Situation‹ gebracht hatte und reagierte mit Ärger und Wut. Dabei hatte ich, im Sinne einer möglichst effizienten Nutzung der begrenzten Zeit – eine ›typisch deutsche Tugend‹ – sie zum Sprechen aufgefordert, weil es für mich ganz deutlich war, dass der japanische Kollege zunächst noch eine Übersetzung einer auf Englisch vorgetragenen Frage in seine Muttersprache benötigte und ich eine ›peinliche Pause‹ vermeiden wollte. Zwei gänzlich unterschiedliche Werthaltungen also, die aber dennoch beide um die Vermeidung von Peinlichkeit und Beschämung bemüht sind, aber nur im jeweiligen kulturellen Kontext der Agierenden Gültigkeit haben und hier zu einem offenen Konflikt führen mussten.

Hier ist es notwendig, einen kurzen Blick auf die Entstehungsgeschichte solcher inneren Haltungen und Charakterstrukturen mit ihren kulturspezifischen Ausformungen zu werfen, welche in zwischenmenschlichen Begegnungen dann zu Irritation, Faszination oder Befremdung führen können. Freud hat in seinen religions- und gesellschaftskritischen Schriften besonders die Rolle des Über-Ichs betont, über das gesellschaftliche Einflüsse einen Niederschlag in der individuellen Psyche finden können. In seinem Strukturmodell entstehen aus den Widersprüchen zwischen den drei psychischen Instanzen Es, Ich und Über-Ich Konfliktlösungsversuche, wobei die Konflikte jeweils nach der entsprechenden Stärke der einzelnen psychischen Instanzen gelöst werden. Das Über-Ich, das in seiner Genese kindliche Fantasien und gesellschaftliche Anpassungsforderungen aufnimmt, kann dabei bestimmte Verdrängungen erzwingen. Darauf aufbauend hat Anna Freud den Begriff des »Charakters« definiert:

> »Was wir Charakter nennen, ist nichts anderes als die Summe der Haltungen, die das Ich eines Individuums seinen Konflikten gegenüber einnimmt, d. h. die Entscheidungen, welche Triebansprüche zur Befriedigung zugelassen, welche abgewiesen werden sollen, und welcher Mittel sich das Ich in der Abwehr gegen die von innen und außen drohenden Gefahren bedient« (A. Freud 1970, S. 86).

Von ihrer Genese her können wir die Charakterzüge begreifen »als Sublimierung bzw. Reaktionsbildung bestimmter sexueller (im erweiterten, von Freud so gebrauchten Sinn) Triebregungen bzw. als Fortsetzung bestimmter in der Kindheit diesen Triebregungen koordinierter Objektbeziehungen« (Fromm 1970, S. 42). Da die Vermittlung dieser Charakterzüge über den Einfluss des Über-Ichs auch gesellschaftlich bestimmt ist, lassen sich für jede spezifische Gesellschaft typische, durchschnittliche Charakterzüge für die Mitglieder ihrer Schichten und Klassen finden, die in ihrer Gesamtheit verschiedene »Sozialcharaktere« prägen. Lässt sich der innere Aufbau eines Charakters auch nur aus der Triebdynamik des Einzelnen herleiten, so erlauben die Konflikte, die in zahllosen Individuen strukturell ähnliche, typische Gestalten annehmen, doch, von »Sozialcharakter« zu sprechen.

Die wissenschaftliche Arbeit mit dem Begriff des »Sozialcharakters« hat v. a. in der Soziologie ihren Platz gefunden und z. B. die Studien von Adorno,

Horkheimer, Fromm und anderen über die autoritäre Persönlichkeit geprägt. Für die Ethnologie, die über die Grenzen der eigenen Gesellschaft und Kultur hinausgeht, und für die Ethnopsychoanalyse hat der ungarische Psychoanalytiker Devereux (1978) die Idee entwickelt, dass es die ethnopsychoanalytische Arbeit – und ich ergänze: jede interkulturelle Begegnung – erleichtert, wenn wir zwischen einem ethnischen und einem idiosynkratischen Unbewussten unterscheiden. Das ethnische Unbewusste ist von kulturtypischen Verdrängungsprozessen bestimmt, die von den für eine bestimmte Ethnie typischen Traumen ihren Ausgang nehmen und jeden Angehörigen dieser Kultur betreffen:

> »Jede Kultur gestattet gewissen Phantasien, Trieben und anderen Manifestationen des Psychischen Zutritt zu und das Verweilen auf bewusstem Niveau und verlangt, dass andere verdrängt werden. Dies ist der Grund, warum allen Mitgliedern ein und derselben Kultur eine gewisse Anzahl unbewusster Konflikte gemeinsam ist« (Devereux 1974, S. 11).

Das idiosynkratische Unbewusste dagegen lässt sich nur aus dem individuellen Schicksal des Einzelnen in seiner gegebenen Kultur verstehen. Beide Formen des Unbewussten verhalten sich komplementär zueinander; ebenso wie soziologische und psychoanalytisch-individuelle Erkenntnisse lassen sie sich nicht gegeneinander austauschen oder aufeinander reduzieren. Das jeweilige Erkenntnisinteresse des Beobachters entscheidet darüber, welche Ebene sichtbar gemacht werden kann. Allerdings ergänzen sich dann die mit unterschiedlichen Zugangswegen gewonnenen Erkenntnisse, bilden eine »komplementaristische Einheit«. So hat Devereux für die mit den Mitteln der Psychoanalyse einerseits, durch ethnologische Beobachtung andererseits gewonnenen Ergebnisse festgehalten: »Wenn alle Psychoanalytiker eine vollständige Liste aller im klinischen Bereich feststellbaren Triebe, Wünsche und Phantasien aufstellten, so deckte sich diese Punkt für Punkt mit einer von den Ethnologen zusammengestellten Liste aller bekannten kulturellen Glaubensvorstellungen und Handlungsweisen« (Devereux 1978, S. 78). Da jede Kultur das gleiche psychische Material auf unterschiedliche Weise behandelt, kann so, was in der einen Kultur manifest ausgedrückt werden kann, in einer anderen Kultur vom bewussten Erleben ausgeschlossen sein. Wieder eine andere Kultur mag es als zugelassene Alternative dulden, dann aber oft nur für bestimmte unter- oder überprivilegierte Gruppen.

Solche ›kulturellen Vorstellungen und Handlungsweisen‹ können für Analytiker und Psychotherapeuten eine Quelle erheblicher Irritation werden. Die Konfrontation mit dem Fremden in der anderen und der eigenen Kultur, die zur Begegnung mit dem fremdseelischen Erleben des Analysanden oder des Patienten ja hinzutritt, erschweren die Verstehensarbeit; im Analytiker können Gegenübertragungsaffekte wach werden, deren Bewältigung ihnen eine zusätzliche Arbeit aufbürdet. In der Regel kommt es zu einer Mischung von Faszination und Befremdung in der Begegnung, die sich als Gegenübertragungswiderstand auswirkt. Dieser Gegenübertragungswiderstand ist aber nicht nur Hindernis für den Verstehensversuch auf Seiten des Analytikers, sondern zugleich, wenn er bearbeitet werden kann, wichtige und oft entscheidende Quelle für ein vertieftes Verständnis von Psychodynamik und Kultur des Gegenübers.

Bei der Untersuchung der Wurzeln des Gefühls von Fremdheit verweist die psychoanalytische Entwicklungspsychologie darauf, dass die Möglichkeit zur Wahrnehmung von ›Fremdem‹ und dessen Verarbeitung entscheidende Konstitutionsfaktoren der Ich-Entwicklung darstellen. Das Bewusstsein vom eigenen Selbst benötigt eine Unterscheidung zwischen Ich und Nicht-Ich, zwischen Innen und Außen. Diese Fähigkeit scheint nicht vom Beginn des Lebens an gegeben, sondern entwickelt sich aus den ersten Objektbindungen (in der Regel zur Mutter) heraus. Eine wichtige Rolle in diesem entwicklungspsychologischen Differenzierungsprozess kommt dabei der sog. Achtmonatsangst oder dem ›Fremdeln‹ zu. Ein fremdelndes Kleinkind drängelt sich zwar in die Arme der ihm vertrauten Person, schaut dann aber aus dieser sicheren Position heraus mit Neugier und Faszination zum Fremden. »Fremdeln hat also in der Regel einen ambivalenten Charakter: den der Angst und Abwehr einerseits und den der Neugier und Faszination andererseits« (Cogoy 2001, S. 344). Für das Kind stabilisiert das Fremdeln seine Ichbildung und trägt zur Herausbildung von inneren Bildern des eigenen Selbst und des Anderen bei. Ob nun Angst oder Faszination später bei der Begegnung mit Fremden überwiegen, hängt vom Ausgang dieses Prozesses und der weiteren Entwicklung ab; in jedem Fall bleibt aber eine Ambivalenz dem Fremden gegenüber erhalten. Cogoy hat zwei Grundkomponenten in unseren Begegnungen mit fremden Kulturen festgehalten: »1) Der Fremde mobilisiert eine aus frühen Introjektionen stammende universelle Ambivalenz; 2) Im Kontakt mit einer fremden Kultur wird der selbstverständliche ›background of safety‹ und das an ihn gebundene Gefühl von Sicherheit und Zugehörigkeit in Frage gestellt« (a.a.O., S. 345f.).

Diese Überlegungen aus der psychoanalytisch-klinischen Arbeit mit Analysanden aus fremden Kulturen behalten ihre Gültigkeit, wenn der Psychoanalytiker ethnopsychoanalytisch in der fremden Kultur zu forschen beginnt. Dabei stellt er sich und seine Methode zur Verfügung, wenn auch unter veränderten Settingbedingungen. Dies kann sowohl bei der ethnologischen und psychiatrischen Untersuchung ritualisierten Verhaltens in einer fremden Kultur sein wie bei ethnopsychoanalytischen Gesprächen mit Angehörigen einer fremden Kultur. Erkenntnisleitend bleibt dabei die Untersuchung der Prozesse von Übertragung und Gegenübertragung und der spezifischen Widerstände, die als Reaktion auf die durch das beobachtete Material erzeugte Angst auftreten. So verlangt z.B. die Tatsache, dass ein psychisch bedeutsames universelles Phänomen auf der bewussten, kulturwirksamen Ebene nicht auftaucht, eine Analyse der psychodynamischen Prozesse, die für die Verdrängung dieses Phänomens in der jeweiligen Kultur verantwortlich sind. Dies gilt sowohl für Aspekte der jeweils fremden Kultur wie für die verdrängten Triebaspekte der eigenen Kultur, die auf diese Weise überhaupt erst bewusst und damit auch ›fremd‹ werden können und auf diese Weise Angst auslösen.

Beispiel: *Bei meinen Lehraufenthalten in China findet jeweils zum Schluss ein Abschiedsessen statt, bei dem reichlich Alkohol ausgeschenkt und in der gelockerten Stimmung gemeinsam gesungen wird. Sobald der Ehrengast des Abends, in der Regel einer der älteren Teilnehmer des Festessens, sich erhebt, folgt dann aber ein ›überstürzter‹ Abschied und Aufbruch, der auf mich immer noch befremdlich wirkt, weil er die mir gewohnten Formen des langsamen Ausklangs und verlängerten Abschiednehmens außer Kraft setzt. Befremdung und Irritation verweisen auf eigene Trennungsängste und Trennungsreaktionen, die bei einer ähnlichen Situation in der eigenen Kultur durch die hier üblichen Formen des sozialen Umgangs gemildert sind.*

Insbesondere Devereux (1967, S. 67ff.) hat sich mit den bei jeder verhaltenswissenschaftlichen Forschung möglichen Ängsten auseinandergesetzt und dabei folgende Möglichkeiten unterschieden, die sich auch auf Begegnungen in Psychoanalysen und Psychotherapien hin übersetzen lassen:

1. Die Untersuchung fremder Kulturen konfrontiert den Forscher oft mit Material, das er selbst verdrängt hat. Diese Erfahrung löse nicht nur Angst

aus, sondern werde oft auch als Verführung erlebt. In diesem Sinne würde ich von einer Versuchungs- oder Triebangst sprechen.

Beispiel: *In der Begegnung zwischen Amerikanern und Europäern sind letztere oft überrascht von den Herzlichkeit, mit der ein bis dahin Unbekannter begrüßt und zu Kontakten eingeladen wird. Diesen haftet dann allerdings keinesfalls die intime Nähe an, welche die Europäer mit einer auf diese Weise gepflegten Herzlichkeit verknüpfen. Die Herstellung einer für die kollektive Mentalität der Amerikaner unverbindlichen Nähe führt den Europäer oft in eine innere Situation, die einerseits Nähe- und Intimitätswünsche anspricht, aber auch unbewusste konflikthafte Versuchungsängste mobilisiert.*

2. Der »Narzissmus der kleinen Differenz« (Freud 1921) lasse den Forscher unvertraute Ansichten und Verhaltensweisen als Kritik der eigenen auslegen, was zu einer negativen Reaktion auf sie führen könne.

Beispiel: *Ein iranischer Student sucht eine psychotherapeutische Beratungsstelle kurz vor seinem Abschlussexamen auf, nachdem sein Vater verstorben ist und er in der Heimat die Führung der weitverzweigten Familie übernehmen soll. Er ist dadurch in einen Konflikt zwischen seinem Wunsch nach Abschluss des Examens und seinen sozialen Verpflichtungen der Herkunftsfamilie gegenüber geraten. In der Beratung können zunächst auch die verschiedenen Facetten des äußeren wie inneren Konfliktgeschehens bearbeitet werden. Die Entscheidung des Studenten, die Prüfungen abzusagen und die patriarchale Führungsrolle im Iran zu übernehmen, lässt den Berater mit Bestürzung und Ärger zurück, weil er darin seine eigenen Werthaltungen infrage gestellt erlebt.*

3. Reagiert der Forscher auf in der eigenen Gesellschaft tabuisierte Verhaltensweisen mit offener oder geheimer Sympathie, könne dies soziale Schuldgefühle auslösen.

Beispiel: *Bei einem psychotherapeutischen Gespräch in China stellte mir die Klientin zu Beginn ganz selbstverständlich einen Becher hin, den sie mit einigen Blättern grünen Tees und heißem Wasser füllte. Ich genoss diese Aufmerksamkeit, die in China jedes Gespräch begleitet, hatte aber zunächst Mühe, über diesen Aspekt der Begegnung mit meinen analytischen Kollegen zu sprechen, da ich ihn als Verletzung des üblichen Abstinenzgebotes erlebte, der ich mich nicht erwehrt hatte.*

4. Die Kommunikation zwischen dem Unbewussten des Forschers und des Beobachteten könne sich bis zu einem Gefühl der ›Verführung‹ steigern, auf das selbst Analytiker mit Angst und Widerstand reagierten.

Beispiel: *Eine kolumbianische Patientin, die lange auf den ersten Termin mit mir hatte warten müssen, brachte ein wunderschöne Pflanze aus ihrer Heimat mit, die sie mir bei der Begrüßung schenkte. Sie gehörte einer Ethnie an, bei der ein solcher Austausch von Geschenken die Wechselseitigkeit der Beziehung betont. Ich reagierte zunächst mit Verwunderung und Distanz, bis ich meine Gegenübertragung analysieren konnte, in der das unvermutete Geschenk erotische Verführungs- und Eroberungswünsche mobilisiert hatte.*

5. Auch der segmentäre Charakter der bewussten Kommunikation könne Angst erzeugen. Verstehe man nur Teilaspekte, komme es oft zu einer Überreaktion in Form des Glaubens, mehr zu verstehen als das wirklich der Fall ist.

Beispiel: *Wenn wir uns das erste Mal in einer fremden Sprache verständigen oder in einer fremden Kultur bewegen, neigen wir zum Glauben, mehr verstehen zu können, als dies tatsächlich der Fall ist. Aus Angst vor der Nicht-Verständigung und dem Nicht-Verstehen neigen wir dazu, auf dem Boden des uns Bekannten Fehlstellen zu interpretieren oder aufzufüllen.*

6. Manchmal komme es zu einer Verbindung der Abwehr gegen ›Überkommunikation‹ auf der unbewussten Ebene mit einer Abwehr gegen ›Unterkommunikation‹ auf der bewussten Ebene. Daraus resultiere oft eine ängstliche Einengung der Interpretationsmöglichkeiten auf die für den Forscher psychisch erträglichen.

Ich selbst würde diese Liste um folgende Möglichkeiten erweitern:

7. Scham als Widerstand bei einer Verletzung des narzisstischen Selbstideals: Führt die Konfrontation mit einem persönlich oder in der eigenen Kultur verdrängten Aspekt zu einem Gefühl der Beschämung, dass man sich dieses Faktums bisher nicht bewusst war, so kann daraus eine Tendenz zur Nichtanerkennung des in der fremden Kultur manifesten Verhaltenszugs und eine Einengung der Möglichkeiten zu dessen psychodynamischer Interpretation resultieren.

Beispiel: *Bei der Kurzpsychotherapie eines chinesischen Doktoranden hatte ich große Mühe, seine Verpflichtungsgefühle dem Vater gegenüber zu verstehen, nachdem dieser sich offen feindselig gegen seinen Sohn gestellt hatte. Erst in Gesprächen mit chinesischen Psychotherapeuten wurde mir deutlich, wie sehr in meiner eigenen Kultur die Anerkennung und Wertschätzung der Söhne ihren Vätern gegenüber eingeschränkt ist.*

8. Die Begegnung mit in der eigenen Kultur verdrängten Wünschen und Fantasien kann nicht nur Versuchungsängste und Schuldgefühle mobilisieren, sondern auch starke Trennungsängste auslösen. In diesen Fällen ist weniger die inzestuös-ödipale innere Welt des Forschers berührt, sondern die Bandbreite der präödipalen Trennungswünsche und -ängste, die zu einer Flucht vor der weiteren Auseinandersetzung mit dem bisher tabuisierten Material führen kann.

Beispiel: *In den chinesischen Küstenprovinzen ist es eine lang gehegte Tradition, dass die männlichen Jugendlichen in der Pubertät zu einem weit entfernten Onkel reisen, um sich bei diesem auszubilden. Obwohl diese kulturell übliche Trennung in der Psychogenese der neurotischen Schwierigkeiten eines meiner chinesischen Patienten eine überragende Bedeutung hatte, wurde mir dieser Umstand erst dann bewusst, als ich mich den eigenen Trennungsängsten stellen konnte, die durch den Bericht des Patienten angeregt waren.*

Der Psychoanalytiker, der Patienten aus einer fremden Kultur behandelt oder ethnopsychoanalytisch in einer fremden Kultur forscht, sollte im Prozess seiner beständigen Selbstanalyse diese Gefahren kennen, sich ihnen analytisch stellen und diesen Erkenntnisweg systematisch nutzen können. Dazu gehört eine beständige selbstreflexive Haltung, die auf die Erforschung seiner eigenen inneren Welt, v.a. seiner Gegenübertragungsreaktionen, gerichtet ist. Der Psychotherapeut, der mit Ratsuchenden aus ihm fremden Kulturen konfrontiert ist, sollte die möglichen unbewussten Reaktionen kennen, sich ihnen stellen können, sich in einem Selbstverständigungsprozess, z.B. im Rahmen einer interkollegialen Supervision, damit auseinandersetzen können.

Das ethnische Unbewusste findet seinen Ausdruck auch in den sprachlichen Eigentümlichkeiten einer bestimmten Kultur, in der Art, welche Inhalte wie sprachlich dargestellt werden können und welchen affektiven Modulationen die jeweiligen Inhalte unterliegen. Auch für die Sprache als kulturell tradiertem Symbolsystem gilt, was Mentzos (1976) für die unbewusste Zielsetzung kulturspezifischer Institutionen formuliert hat: Es geht darum, »mit institutionell verankerten Handlungs- und Beziehungsmustern regressive Triebbedürfnisse zu befriedigen, Schutz- bzw. Abwehrverhalten gegen irreale, phantasierte, infantile, insgesamt nicht real begründete Ängste, Depressionen, Scham- und Schuldgefühle zu sichern« (S. 91). Die Sprache einer bestimmten Gesellschaft mit ihren je klassen-, schicht- und regionalspezifischen Unterschieden stellt also für jedes Individuum dieser Gesellschaft Möglichkeiten bereit, im Gleichklang mit anderen Triebwünsche zu befriedigen oder zu unterdrücken oder auch gleichförmige Abwehrmodalitäten auszubilden.

In ihrer Arbeit *The Babel Of The Unconscious* (1990) haben Amati-Mehler, Argentieri und Canestri darauf hingewiesen, dass zu jedem Individuum, auch dem einsprachigen, eine diskursive Pluralität gehört. Diese verdankt sich nicht nur den zahlreichen Variationsmöglichkeiten innerhalb einer Sprache (z. B. Dialekte, Babysprache, Liebessprache, familiäres Vokabular), sondern auch der sehr unterschiedlichen Bedeutung sowohl der gesprochenen wie der geschriebenen Sprache je nach dem aktuellen emotionalen und kulturellen Hintergrund und den besonderen Umständen, unter denen sie benutzt wird. Die Autoren greifen auf das linguistische Konzept des Polylogismus zurück, unter dem sie den gleichzeitigen Ablauf unterschiedlicher Diskurse im Individuum verstehen; diese Diskurse stehen untereinander in einem inneren Dialog. Im Falle der Mehrsprachigkeit können diese Diskurse mit den unterschiedlichen Sprachen verknüpft sein, und es käme dann darauf an, die Schwierigkeiten der Übersetzung einer Sprache oder eines Diskurses in die andere und den inneren Austausch zwischen ihnen zu verstehen. In diesem Sinne repräsentierte z. B. bei einer meiner Patientinnen die französische Sprache, die sie in der Analyse mit mir nicht benutzen wollte, die innere Verbindung zur Welt der Mutter, während das Deutsche, gerade weil es die zweite, fremde Sprache war, die ödipalen Gefühle für den Vater transportieren konnte, weil sie der inneren Kritik zunächst entzogen waren. Reichte auch dieser Spaltungsversuch nicht mehr aus, die inneren Konflikte der bewussten Wahrnehmung zu entziehen, musste Frau M. auf eine Aphonie (Stimmlosigkeit) als ihr Symptom zurückgreifen, welche das Symbolisierungsverbot und die Symbolisierungsverweigerung besonders deutlich ausdrückte.

In seinem Bericht über die Analyse einer österreichischen Patientin, bei der sowohl Deutsch als auch Englisch Analysesprachen waren, weil sie von beiden Partnern gesprochen und verstanden wurden, hat Greenson (1950) Überlegungen angestellt, die zum besseren Verständnis der spezifischen

Sprachwahl und von Sprachschwierigkeiten in der interkulturellen Begegnung hilfreich sein können. Er konnte bei seiner Patientin eine ödipale Problematik ausmachen, die zu ihrer Abneigung gehörte, die englische Sprache zu verlassen und zu bestimmten Aspekten auf Deutsch zu assoziieren; für sie war die Muttersprache die prägenitale Sprache und Trägerin bedeutender ungelöster Konflikte geblieben. Greenson meint, dass die neue, zweite Sprache stattdessen ein neues Abwehrsystem gegen das vergangene infantile Leben transportierte und dadurch zur Schaffung einer neuen und deshalb etwas besseren interstrukturellen Beziehung beitrug; neue Werte und neue Ich-Imagines wurden so durch zusätzliche Verdrängungsleistungen ermöglicht.

Für die interkulturelle Therapie ist die Akzeptanz der in der Sprachwahl sich ausdrückenden notwendigen Abwehr- und Sublimierungsleistung der Patienten entscheidend. Denn je weiter die Ursprungskultur eines Patienten von der eigenen entfernt ist, umso deutlicher muss sich der Therapeut in seiner praktischen Tätigkeit eine Sicht auf das ethnische wie auf das idiosynkratische Unbewusste seines Analysanden offen halten. Diese Arbeit wird schwieriger, wenn die beiden Herkunftskulturen auch unterschiedliche Sprachräume umfassen. Ob in der interkulturellen Begegnung eine wechselseitige Verständigung möglich wird, hängt also meiner Auffassung nach weniger von den sprachlichen und kulturellen Unterschieden an sich ab. Vielmehr kommt es darauf an, ob das subjektive Erleben von Fremdheit in diesen Begegnungen ausgehalten und reflektiert werden kann. Die Begegnung mit einer fremden Kultur erschüttert oft unser sonst selbstverständliches Gefühl von Sicherheit im zwischenmenschlichen Umgang. Sie setzt Ängste vor einer Überflutung durch das Fremdpsychische frei und ist geeignet, in uns selbst regressive Prozesse anzuregen. Deshalb fordern diese Begegnungen in der Regel eine besondere Flexibilität und Offenheit im Umgang mit der kulturellen Andersartigkeit des Gegenübers. Bei einem auftauchenden Gefühl von Fremdheit, das immer mit Ambivalenz verknüpft ist, sollten wir deshalb prüfen, wieweit in der Begegnung kulturspezifische Normen auftauchen, die sich von den uns vertrauten unterscheiden. Es hat sich bewährt, solche Differenzen direkt anzusprechen, um stereotype Haltungen und Reaktionen zu überwinden. Dies bedeutet zugleich eine Anerkennung der Andersartigkeit des Gegenübers und seiner Kultur.

Diese Anerkennung der Andersartigkeit seines Patienten und dessen Kultur setzt beim Therapeuten eine Reflexion und Überwindung der narzisstischen

Kränkung voraus, die mit der Konfrontation mit Fremdem in der anderen Kultur einhergeht. Denn unsere eigenen Einstellungen werden von unserem Enkulturationsprozess in einer Sprache und in einer Kultur bestimmt, der für alle mit einer universalen narzisstischen Fantasie verknüpft ist, dass »der Wahrheitsgehalt der eigenen Sprache und Kultur der beste, ja sogar der einzig mögliche sei, um die Komplexität des Lebens zu erfassen und zu verstehen« (Cogoy, a.a.O., S. 356). Diese universale narzisstische Fantasie hat eine starke Kraft und untergründige Faszination, die eine beständige innere Anstrengung verlangt, um sie auszuhalten und zu überwinden.

Literatur

Amati-Mehler, J.; Argentieri, S. & Canestri, J. (1990): The Babel of the Unconscious. In: Int. J. Psycho-Anal. 71, 569–583.

Cogoy, R. (2001): Fremdheit und interkulturelle Kommunikation in der Psychotherapie. In: Psyche 55, 339–357.

Devereux, G. (1967): Angst und Methode in den Verhaltenswissenschaften. München (Hanser).

Devereux, G. (1974): Normal und anormal. Aufsätze zur allgemeinen Ethnopsychiatrie. Frankfurt a.M. (Suhrkamp).

Devereux, G. (1978): Ethnopsychoanalyse. Die komplementaristische Methode in den Wissenschaften vom Menschen. Frankfurt a.M. (Suhrkamp).

Freud, A. (1970): Einführung in die Psychoanalyse für Pädagogen. Reinbek (Rowohlt).

Freud, S. (1921): Massenpsychologie und Ich-Analyse. GW 13.

Fromm, E. (1970): Die psychoanalytische Charakterologie und ihre Bedeutung für die Sozialpsychologie. In: ders.: Analytische Sozialpsychologie und Gesellschaftstheorie. Frankfurt a.M. (Suhrkamp).

Greenson, R.R. (1950): Die Muttersprache und die Mutter. In: Greenson, R.R. (1982): Psychoanalytische Erkundungen. Stuttgart (Klett-Cotta).

Mentzos, S. (1976): Interpersonale und institutionalisierte Abwehr. Frankfurt a.M. (Suhrkamp).

Vernehmen und Erreichen – psychoanalytische Begegnung im transkulturellen Raum

Irmhild Kohte-Meyer

Dieser Beitrag beschäftigt sich mit Gedanken, Beobachtungen und Erfahrungen aus der psychoanalytischen Arbeit im transkulturellen Raum. Mit dem Thema dieses Bandes *Migration und Psyche* wird eine Verbindung hergestellt zwischen einem Äußeren und einem Inneren, zwischen dem faktischen Vorgang und der seelischen Innenwelt, in der die psychologische Arbeit zu leisten ist, das Erleben beider Welten irgendwie miteinander in Einklang zu bringen. Welche psychologische Bedeutung hat das Erleben der Migration, und welche Folgen sind bei der zweiten und dritten Generation zu beobachten? Wie sieht eine psychoanalytische Erkundung aus, die dieses Erleben erfassen kann; wie wird eine innerpsychische Bearbeitung in einer therapeutischen Beziehung ermöglicht? Ich will diese Fragen erörtern, den Prozessen nachspüren und einige Vorschläge dazu machen. Ich berichte abschließend aus meiner eigenen Arbeit mit Migrantenpatienten.

Ein kleines Beispiel für die gefühlshaften Auswirkungen einer Migration fand ich in der Literatur: V.S. Naipaul beschreibt in der Erzählung »Einer von Vielen« einen indischen Mann, der aus den Bergen nach Bombay kam, dann als Diener gern mit seinem Herrn nach Amerika zieht, aber seinen Weg allein fortsetzt. Es geht ihm zunehmend schlecht: »Ich verliere mein gutes Aussehen, ich fühle eine Krankheit meines Herzens und meines Gemütes ...« Ein Freund fragt, ob er Sehnsucht fühle nach Bombay oder der Familie in den Bergen. »Aber jetzt war ich, sogar im Geiste, in jenen Gegenden ein Fremder« (Naipaul, S. 62). Später heißt es: »Ich bin nun amerikanischer Staatsbürger, mein Aufenthalt ist legal ...« Doch: »Es riecht alles fremd [...]. Aber meine

Stärke ist, dass ich ein Fremder bin. Ich habe mich seelisch und geistig gegen die englische Sprache verschlossen. Es ist als hätte ich mehrere Leben gelebt. Ich will denen kein weiteres hinzufügen. Ich sehe [...] die Menschen, aber sie sind durch eine Glaswand von mir getrennt« (a.a.O., S. 75).

Der Prozess der Migration ist, so erfahren wir von Naipaul, vor allem ein psychischer Prozess. Wenn die soziale äußere Wirklichkeit sich so stark verändert, wie es bei einer Migration der Fall ist, dann ist es unerhört wichtig, diese Beziehung zwischen inneren und äußeren Realitäten möglichst genau zu erfassen. Es gilt die Forderung Parins, die soziale Wirklichkeit, die Matrix von Familienstrukturen und Traditionen in der Genese von psychischen Konflikten und Konfliktlösungen angemessen zu berücksichtigen. Art und Qualität, wie Erfahrungen mit der Außenwelt psychisch bewältigt werden, prägen die Persönlichkeit. In der Beurteilung der inneren Realität dieser Patienten werden die psychodynamischen Auswirkungen des Erlebens in der äußeren Welt sehr viel wichtiger, als wir es gewohnt sind. Im psychoanalytischen Umgang mit Migranten bedarf die Verbindung von Fakten und psychischen Vorgängen der besonderen Erkundung. Daraus folgt, das psychoanalytische Verständnis für die Symptomatik und die Akzente des therapeutischen Handelns sind unter veränderten Aspekten zu diskutieren. Die Patienten selbst machen ihre umfänglichen Erfahrungen kaum von sich aus zum Thema, auch Diagnostiker und Behandler vergessen dies als scheinbar zu vernachlässigende Details fast regelmäßig. Doch werden häufig ganz persönlich wirkende Eigenheiten der Patienten und sehr wichtige psychodynamische Aspekte erst dann psychoanalytisch verstehbar, wenn Migrationsanlass und -weg sowie deren Integration in die Lebensgeschichte aufgedeckt werden.

Meine Thesen

Erstens: Migration ist ein traumatisches Geschehen, erschüttert Ich und Ich-Identität, stellt diese infrage, kann verschiedenste Reaktionen und Strategien als Antwort hervorrufen. Es sind bei Migrantenpatienten – nach meiner Beobachtung – über die bekannten neurosepsychologischen Prozesse – die Symptomatik entsteht infolge eines Triebkonflikts und dessen Abwehr unter Über-Ich Angst – hinaus noch besondere Ursachen und spezielle, andere mögliche Entstehenswege für neurotische oder psychosomatische Symptomatik zu finden. Die Erfahrungen und die individuelle Verarbeitung von dem, was in einem Migrationsvorgang erlebt wird, können gleichzeitig spezifische neue Möglichkeiten und Wege für das Entstehen psychischer Störungen eröffnen. Unter Berücksichtigung dieser Hypothese sind die innerpsychischen Konflikte der Patienten anders, besser zugänglich, häufige kommunikative Schwierigkeiten werden stark abgemildert; neue oder leicht veränderte Akzente in der psychoanalytischen Arbeit sind die praktische Folge.

Zweitens: Im Wechsel von Sprache und Kultur kann eine transkulturell bedingte Form von Unbewusstheit entstehen, eine innere Stummheit für emotionale und affektive Vorgänge. Im Sprach- und Kulturwechsel können Interaktionsformen und mögliche Triebbefriedigungen, die in Sprache überführbar waren, wieder aus dem Bewusstsein ausgeschlossen werden. Eine mögliche Folge sind psychische Störungen über Desymbolisierung. Wenn affektive Vorgänge aus dem Bewusstsein exkommuniziert werden (Lorenzer 1976), diese dem Ich nicht zugänglich, nicht mehr innerlich verfügbar sind, so können sie Ursache und Anlass bilden für recht verschiedene Formen von neurotischer oder psychosomatischer Symptomatik. Ohne Berücksichtigung eines transkulturellen Grundkonflikts imponieren diese Probleme u.U. als Ergebnis einer neurotischen Verdrängung.

Eine solche Betrachtung des Migrationsgeschehens als Konfliktgeschehen und die Fokussierung darauf verändert diagnostisches Verständnis und therapeutisches Handeln. Beides wird in das transkulturelle Spannungsfeld hineingestellt, dessen innerpsychischer Niederschlag bei Patient und Behandler zu erfassen ist. Ich werde aufzeigen, wie mein eigener innerer Prozess in der psychoanalytischen Arbeit verläuft, wenn ich mich im analytischen Raum auf Migranten einstelle und Hinweise auf mögliche Lösungsversuche, auf Integration der Erfahrungen im psychischen Erleben gebe. Ich werde den transkulturellen Grundkonflikt, die zugehörigen Anpassungsleistungen und Schwierigkeiten darstellen und wie ich auf diese in der Beziehung zum Patienten fokussiere. Die Arbeit an einem individuellen intrapsychischen Konflikt wird nun verbunden mit der neuen Erfahrung einer transkulturellen Begegnung im analytischen Raum, die Veränderung und Integration ermöglicht.

Einige Worte zur Methodik meiner Arbeit

Im Erstinterview, im üblichen psychodiagnostischen Umgang mit einem Patienten klären wir, ob ein Zusammenhang zwischen Symptomatik und Erleben gesehen wird, und ob eine besondere zwischenmenschliche Beziehung zu einer verändernden Erfahrung werden kann. In der Begegnung im transkulturellen Feld ist darüber hinaus zu klären, ob der Patient seinem eigenen Erleben Bedeutung beimessen kann, und wenn ja, welche. Mich interessiert, ob und wie diese Erfahrungen im gemeinsamen Gespräch vermittelt werden oder ob sie innerlich isoliert und völlig abgespalten bleiben.

In der psychoanalytischen Situation erlebt der Patient eine für ihn neue und ungewöhnliche Gesprächssituation, denn es etabliert sich eine Übertragungsbeziehung, die durch Haltung, Wahrnehmungs- und Denkform des Analytikers eingeführt wird. Der große Spielraum, der dem Patienten als sein Gestaltungspotenzial gewährt wird, kehrt die Alltagskommunikation um. Die persönliche Art des Patienten, die Beziehung zu gestalten, gerät in den Vordergrund. Diese Situation bietet eine optimale Möglichkeit, dass sich die unbewussten Konfliktkonfigurationen in Szene setzen; diese entstammen der Lebensgeschichte des Patienten. Sie bietet folglich auch jene szenischen Anteile, die aus der Migrationsgeschichte stammen, transkulturelle Zusammenhänge enthalten und Bedeutungen erschließen lassen.

Ich bleibe bei der psychoanalytischen Methode des Wahrnehmens, Denkens, Deutens; ich versetze mich in eine beobachtende Position gegenüber den Aktivitäten des Patienten und meinen eigenen inneren Reaktionen, bewege mich zwischen Teilhabe und Beobachtung. Um die innerpsychische Konfliktdynamik, die individuelle Tiefenstruktur als einen Fokus zu erfassen, wende ich die psychoanalytischen Konzepte wie gewohnt an. Ich suche jedoch auch das transkulturelle Angebot im gesprochenen und nicht ausgesprochenen Text, konzentriere mich besonders auf averbale und emotionale Inhalte, registriere auch meine Einfälle, Fantasien und körperlichen Reaktionen in einer ebenso sensiblen, tiefen Öffnung der Gegenübertragung. So gewinne ich über verschiedene Hinweise den Zugang zu einem inneren Raum und zentriere mich auf eine Suche nach transkulturell bedeutsamen Erfahrungen im Erleben des Patienten. Diesen weiteren Fokus beobachte ich genau und oszilliere zwischen beiden Polen innerlich hin und her. Dieses aufmerksame Interesse wird von meinem Gegenüber gespürt und von mir aktiv benannt. Eine transkulturelle psychoanalytische Technik braucht eine deutlich aktive Anteilnahme und stärkere Bereitschaft zur Antwort als wir dies üblicherweise in einer diagnostischen oder therapeutischen Situation anbieten, da die Migration, einschließlich aller zugehörigen Gefühle kaum selbst von den Patienten als Thema eingeführt wird. So wie wir gewohnt sind, in der Tiefendiagnostik alle Aspekte der Persönlichkeit zu erfassen, muss von uns aus oft ergänzend der mögliche transkulturelle Grundkonflikt herausgearbeitet werden.

Das psychotherapeutische Beobachtungsfeld ist von uns neu zu ordnen und zu erweitern um soziokulturelle Dimensionen als psychodynamisch wirksame Kräfte. Der Analytiker bietet eine containing function (Bion), ist dem Patienten verstehend zur Verfügung. Dies ermöglicht Bewältigung und Integration der inneren Zerrissenheit. Durch ein Gegenüber, das die Frage der Identität öffnet und offenhält für den Patienten, wird es diesem in der Übertragungsbeziehung möglich, den transkulturellen Grundkonflikt durchzuarbeiten. Der Patient erlebt im analytischen Raum – vergleichbar dem Übergangsraum Winnicotts (1983) – ein Gegenüber, das die ganze innere Wahrheit erkennt und oft auch zum erstenmal benennt. Die psychoanalytische Haltung von Offenheit gegenüber allem Psychischen geht dabei über in eine innerlich aktivere Haltung, zu einer inneren Bereitschaft zum Annehmen von neuen, unbekannten Übertragungsmustern, projektiven Vorgängen und Identifizierungen, geleitet auch von soziokultureller Neugier. Ich erweitere so das psychoanalytische Blickfeld und den psychoanalytischen Raum um die Dimensionen des transkulturellen Erlebens und ermögliche eine gemeinsame Arbeit an diesen spezifischen Konflikten. Meine behandlungstechnischen Mittel sind die üblichen der psychoanalytischen Psychotherapie: Klärung, Konfrontation und Deutung, je in modifizierender Anwendung der psychoanalytischen Methode.

Das Erleben des Fremden

Unter psychoanalytischem Blickwinkel ist das Psychische aller Menschen grundlegend gleich strukturiert. Alle Menschen spüren die gleichen Affekte und Emotionen, wünschen Liebe und Zugehörigkeit, eine Zugehörigkeit, in der das eigene Ich und sein Wert gespiegelt und bestätigt werden. Das Sozialgefühl, die Möglichkeit sich mit einer sozialen Gruppe oder Gesellschaft identifizieren zu können, wird befriedigt. Im Umgang mit den wichtigen anderen erfahren wir, wer wir sind und wo wir hingehören, spüren Wohlbefinden. Der soziale Ort, an dem sich ein Mensch befindet, hat Bedeutung im seelischen Geschehen. Erleben und Verhalten werden vom soziokulturellen Ort geprägt. Die soziale Gruppe bestimmt, wie Affekte geäußert, wie Triebwünsche befriedigt werden dürfen. Dort, zu Hause, ist er gewohnt, als Fremden immer den Anderen zu sehen und das Fremde immer am jeweils Anderen zu betrachten. Bei einem Wechsel in die *Fremde* wird der nun selbst *Fremde* gravierende Einschnitte, Erschütterungen und Beunruhigungen zu bestehen haben. Das Erleben von Fremdsein und von Sich-fremd-Fühlen wird eine eigene innerseelische Dynamik und Problematik entfalten. Diesem *Fremd-Werden* soll nachgegangen, die Verarbeitungsformen im Erleben des Fremdseins aufgespürt werden. Nicht mit bedenken werde ich mögliche psychische Konflikte, die sich im fremden Aufnahmeland aus Konflikten mit politischen, rechtlichen, oder fremdenfeindlichen Situationen ergeben. Das Erleben des Fremden, des Fremdseins, des Fremd-geworden-Seins in einer veränderten inneren und äußeren Situation, die transkulturelle Begegnung mit dem Fremden ist im Zentrum meiner Betrachtungen. Diese transkulturelle Begegnung erlebt der Migrant in seinem individuellen, lebensgeschichtlichen Migrationsprozess und der Therapeut sodann im therapeutischen Raum, in der therapeutischen Begegnung mit dem Patienten aus einem anderen Kultur- und Sprachraum. Beide Aspekte werde ich aufgreifen. Eine häufig anzutreffende Vorstellung sei an dieser Stelle korrigiert: Muttersprachliche Therapeuten erlebten keine transkulturellen Schwierigkeiten und könnten auch aufgrund der gemeinsamen Sprache besser helfen. Dies trifft nicht zu. Besonderheiten in der psychotherapeutischen Arbeit mit Migrantenpatienten resultieren primär nicht aus einer Begegnung mit unbekanntem Kulturellem, diese Schwierigkeiten werden resultieren aus der innerpsychischen Situation des Migranten. Auf der Bühne seiner inneren Welt und konkret im äußeren alltäglichen Geschehen begegnen sich im Verlauf der Migration die unterschiedlichen Kulturen und Sprachwelten. Die Wechselwirkung von äußerer, sich verändernder Realität und die Antwort der inneren – sich notwendigerweise ebenfalls verändernden – Realität verändert alte und konstituiert neue innere Strukturen. Diese psychische Dynamik im Erleben des Migrationsprozesses ist als ein transkultureller Grundkonflikt anzusehen; ich beschreibe seine Bewältigung oder Nichtbewältigung. Ich werde nicht über die einzelnen individuellen Phasen der Migration sprechen, sondern die innere Realität in einer veränderten äußeren darstellen und hierbei auch die Bedeutung des Sprachwechsels betonen.

Migrantenpatienten haben aus unterschiedlichen politischen, sozialen, ökonomischen oder persönlichen Gründen einen Wechsel aus ihrem ursprünglichen soziokulturellen Raum in einen anderen, oder gar mehrere andere, vollzogen. Sie haben im Laufe ihrer Lebensgeschichte mit der Entscheidung zur Migration Abschied, Trennung oder Verlust von Heimat, Freunden und Verwandten erlebt, die Sprache wechseln müssen, in der sie sich mit anderen Menschen verständigten. Sie haben meist recht unterschiedliche kulturspezifische Ausformungen des sozialen Lebens und der jeweils erlaubten Form von Triebbefriedigung kennengelernt. Diese Erfahrungen stellen heftige Belastungen für das Ich dar und haben das Ausmaß eines Traumas (Grinberg/Grinberg 1990). Ein sicheres Ich-Gefühl (Federn), ein sich seiner selbst gewiss und sicher sein, das kohärente Erleben der Ich-Identität (Erikson 1950) – innerhalb eines spezifischen Kulturraumes in Interaktion mit Familie und Gruppe erworben – wird infrage gestellt, ist im neuen Umfeld nicht mehr gültig. Die Sicherheit, vermittelt von gültigen Normen und Traditionen, fehlt. Wie und ob diese Erfahrungen, diese heftigen emotionalen und affektiven Erschütterungen, bewältigt werden, hat Auswirkungen auf das Ich und seine steuernden Funktionen. Hier sind nun die individuellen Gründe zur Migration zu klären, die verschiedenen äußeren und inneren Anlässe zu einem Wechsel aus einem Kultur- und Sprachraum in einen anderen. Die Ursachen und Motive der Migration tragen ganz wesentlich dazu bei, wie vom Ich der transkulturelle Grundkonflikt gelöst und bewältigt werden kann. Der Migrant bleibt wie bei Naipaul ein Fremder, fühlt sich als ein Reisender über die Jahrzehnte und vielleicht auch über die Generationen; er hält am alten Zuhause und an der alten Muttersprache fest. Hat er kein Zuhause mehr, so vermeidet er die Begegnung mit dem Fremden und das Sich-Einlassen sprachlich, weil es zu schmerzlich ist, denn die Emigration war unfreiwillig. Ist die Migration vielleicht endgültig, so meidet er die Begegnung mit den fremden Orten, die Konfrontation mit Menschen, die anders denken, sprechen und andere Rituale haben. Eine vielleicht nicht so seltene Lösung, falls die Migration selbst in ihrem Anlass schon den Keim der späteren Konflikte birgt.

Eine kindliche Verwirrung

Ich stelle einen Versuch vor, den antinomischen Konflikt zwischen zwei Kulturwelten auf individuellem Weg zu lösen. Ein türkischer Vater war mit seinen beiden fünf und acht Jahre alten Söhnen auf dem Fußballplatz. Kurz nach der Wende war 1990 der türkische Sportverein »Türkiyem Sport« gegen die ehemalige DDR-Nationalmannschaft angetreten. Es war ein aufregendes Spiel, in dem ›die‹ Türken gegen ›die‹ Deutschen spielten. Beide Gruppen wurden von ihren Fans angefeuert. Plötzlich hörte der Vater seine Kinder »Deutschland, Deutschland« rufen. Überrascht verstummte er selbst und sagte dann: »Aber Ihr müsst doch ›Türkiye, Türkiye!‹ rufen.« Doch die Söhne schienen ihn nicht recht verstanden zu haben, denn sie riefen weiter »Deutschland, Deutschland« und jetzt dazu »Türkiye, Türkiye« jeweils im Wechsel. Der achtjährige Demir, mein kleiner Patient, schaute ängstlich auf seinen Vater. Am Ende des Spiels hatte er nicht verstanden, dass nur eine der beiden Mannschaften gewonnen hatte. Er war nicht in der Lage zu begreifen, welche der beiden Sieger geworden war. Für den Vater zeigte sich ein identifikatorischer Konflikt seines Sohnes: Er unterstützte und identifizierte sich mit der falschen, der deutschen, Fußballmannschaft. Der Vater identifizierte sich mit der türkischen. Seine Ich-Identität bleibt orientiert an der türkischen Kultur, Gruppe und Tradition. In dieser Zugehörigkeit fühlt er sich wohl und hat das Gefühl, zu Hause zu sein. Die türkische Fußballmannschaft und die türkischen Zuschauer spiegeln und bestätigen sein Erleben, seine Identität. So scheint trotz seines Status eines Migranten sein narzisstisches Gleichgewicht gesichert. Doch den in Berlin geborenen beiden Söhnen stehen diese identifikatorischen Muster nicht mehr zur Verfügung. Sie scheinen hin- und hergerissen zu sein zwischen der türkischen und der deutschen Gruppe. Die Frage: »Zu wem gehöre ich?« lässt sich für sie kaum beantworten. Es scheint schon jetzt absehbar, dass die Aufgabe der Adoleszenz, aus verschiedenen identifikatorischen Möglichkeiten eine stabile Ich-Identität aufzubauen, ihnen besondere Probleme bereiten wird.

Neben dieser verwirrenden, sich aber gegenseitig ausschließenden identifikatorischen Vielfalt scheint es einen innerpsychischen Konflikt zu geben zwischen Ich und Über-Ich-Strukturen, genauer dem sozialen Über-Ich, das ein der Gruppe gemäßes Verhalten regelt. Die präformierten innerpsychischen Instanzen, Ich und Über-Ich werden für Demir und für seinen Vater infrage gestellt. Das väterliche türkische soziale Über-Ich fordert enge Zugehörigkeit und Anpassung. Der Sohn orientiert sich am deutschen Umfeld und passt sich dessen sozialem Über-Ich an. Doch sein Ich kann den Konflikt zwischen diesen verschiedenen Über-Ich-Instanzen nicht bewältigen; seine Ich-Funktionen, die zwischen innerer und äußerer Welt vermitteln, brechen zusammen. Er verliert jede Orientierung, seine Fähigkeit zur wahrnehmenden Beobachtung und zur realistischen Interpretation der Situation bricht zusammen. Der Konflikt wird abgewehrt, indem beide Mannschaften bejubelt werden, beide Mannschaften für sein Verständnis gewinnen. Vielleicht ist dies sein Versuch einer Synthese und Lösung dieses antinomischen Konfliktes. Davon später mehr.

Entgleisen der Kommunikation

Für den Patienten und den Therapeuten führt das Sich-Einlassen auf die transkulturelle Begegnung, ein Sich-Öffnen, ein Zulassen von innerem Kontakt mit dem Gegenüber, dem anderen, zur Frage: Wer bin ich selbst? Wer ist der andere? Wie können wir uns verständigen, näherkommen und uns verstehen? Für wen hält er mich, für wen halte ich mich? Hier stellt sich dar, ereignet sich, was bis zum »Entgleisen der Kommunikation« (Kohte-Meyer 1993) gehen kann, für den Einzelnen in sich selbst und zwischen sich und den anderen.

Die erste Begegnung mit einem Migrantenpatienten: Ich fühle eine erhebliche Verunsicherung bis zum Gefühl von völlig fehlender Kompetenz, wenn statt eines telefonisch angemeldeten Patienten, ein anderer in der Tür zu stehen scheint. Ich entwickele im telefonischen Kontakt eine bestimmte Vorstellung über den neuen Patienten, doch es erweist sich sofort, dass er aus einem ganz anderen Kultur- und Lebenskreis kommt. Ich sehe mich, beobachte mich selber, kontrolliere mich besonders und fühle mich andererseits sehr stark vom Patienten beobachtet. Stimmt das, oder sind das Projektionen meinerseits, oder beides? Mehr als sonst üblich prägt eine spannungsvolle ängstliche Erwartung die Atmosphäre: Wie wird die Begegnung verlaufen? Unsere wechselseitigen Erwartungen und Vorannahmen sind je zu überprüfen, nicht nur durch wechselseitige projektive und introjektive Vorgänge, sondern in konkreter Interaktion, mit konkreten Ritualisierungen des Verhaltens. Hier begegnen sich individuelle, jeweils kulturspezifische Verhaltensstrukturen und -rituale. All jene Phänomene und Prozesse sind zu beobachten, die im Migrationserleben, im Zusammentreffen von Menschen aus unterschiedlichen sozialen und kulturellen Räumen auftauchen können. Die Kommunikation in dieser Begegnung kann *chaotisch* werden und *entgleisen*, wenn und weil die inneren Vorannahmen für das jeweilige Verhalten des anderen und seine inneren Möglichkeiten nicht zutreffen, sich nicht entsprechen können mit den eigenen inneren Gewohnheiten des Verhaltens.

Die Ethnopsychoanalytikerin Maya Nadig, für längere Zeit in einer ihr fremden Kultur lebend, beschreibt an sich selbst grobe »Erschütterungen der eigenen Rollensysteme« und die Notwendigkeit der inneren Umstrukturierung als ein Gefühl eines »sozialen Sterbens«. Die Erweiterung des psychoanalytischen Beobachtungsfeldes um diese transkulturelle Situation verändert die psychoanalytische Selbstbeobachtung sehr. Die eigene subjektive Wirklichkeit, die internalisierten »inneren Handlungsentwürfe« (Lorenzer 1977) werden zusätzlich wichtig, so wie sie in der interaktionellen Beziehung zum Patienten mobilisiert werden, und dies werden sie mehr als üblich. Oft habe ich das Gefühl für *fremde*, ausländische Patienten keinerlei Entwürfe für eine gelungene Interaktion zu haben bzw. nur sehr ungenügende. Der Prozess der Migration, der Wechsel des individuellen kulturellen Lebensraumes, bringt das Individuum (so Grinberg und Grinberg 1990) in einen »Zustand der Desorganisation«. Der Wegfall ›der anderen‹, die sonst psychosoziale Identität bestätigen und teilhabend absichern, muss das narzisstische Gleichgewicht des Individuums erschüttern, das Selbst infrage stellen. So erlebe ich es selbst, so hatte ich es für Demir und seinen Vater aufgezeigt.

Das bedeutet für den Therapeuten, eine veränderte Sensibilität sich selbst gegenüber zu entwickeln, die eigene kulturelle Geprägtheit zu erkennen. Im Verlauf der persönlichen Entwicklung verändert sich der je eigene Lebensraum, Schwellensituationen erfordern Anpassung. Diese Brüche, vielleicht schmerzlichen Wechsel in der vertrauten Kontinuität der eigenen Lebensgeschichte sind vom Therapeuten zu reflektieren und zu bewältigen. So entstehen eine ganz besondere Sensibilität und ein sorgfältig fokussiertes Beachten der Gegenübertragungsreaktionen, der Gefühle und Einfälle; aus anfänglicher Verwirrung entwickelt sich Klarheit in den Schwierigkeiten und möglichen eigenen Abwehrstrategien für transkulturelle Probleme.

Einige Gedanken zur Bedeutung von Sprache

Sprache ist Beziehungswirklichkeit, vermag der Situation einen Sinn zu geben, es ist eine Kunst, das rechte Wort zu finden, in Sprache wird Beziehungswirklichkeit ›verwörtert‹. Sprache ermöglicht einen wechselseitigen kommunikativen Prozess, der einem dialogischen Prinzip folgt. Sprache ohne einen, der sie hört, macht wenig Sinn. Im Reden sind beide Seiten anwesend, so können Paradoxien bewältigt werden. Im transkulturellen Dialog etabliert sich leicht eine Angst vor wechselseitiger Unerreichbarkeit. Als Psychoanalytiker kennen wir die Schwierigkeiten des Nichtverstehens und haben gelernt, dies auszuhalten und abzuwarten. Im transkulturellen Dialog jedoch muss an solchen Stellen eher aktiv der Kontakt gesucht werden, Angst und Unsicherheiten des Sich-möglicherweise-nicht-Verstehens müssen benannt werden.

»Das Erlernen sprachlicher Kommunikation ist genetisch programmiert und wird durch ein Verhaltensrepertoire abgesichert« (Klinke et al.). Aufseiten der Eltern durch eine sogenannte Ammensprache, die transkulturell eingesetzt wird, verminderte Geschwindigkeit, überdeutliche Artikulation und Wiederholungen. Aufseiten des Kindes ist die Verhaltensleistung, Lautbilder aufzusaugen und zu wiederholen. Bis zum zweiten Lebensjahr nehmen die Synapsen der linken Gehirnhälfte explosionsartig zu, so wird gewährleistet, dass jedes Kind – wenn nicht Erkrankungen, z. B. Hörstörungen bestehen – mit Sicherheit die Sprache seiner Umgebung erlernt: die Muttersprache.

Sprache hat zu bezeichnen, darzustellen, was *wirklich* ist. Erleben und Reflexion sind an Sprache gebunden, sie ermöglicht Denken und Kommunikation. Doch sie ist nicht nur der Mittler und Vermittler kognitiver Prozesse. Sprachlich werden die allerfrühesten Rollenmuster und Identifizierungen internalisiert, die in Familie und sozialer Gruppe angeboten werden. Sprache ist Träger und Vermittler von Riten, Bräuchen und gibt Zugehörigkeit. In einem symbolischen Formungsprozess können Grammatik und Sprachaufbau auch Ausdrucksmuster von kulturellen Beziehungen und Strukturen sein. Sprache, Muttersprache, ist Zugangsweg zu Fantasien und Symbolen, wird ebenso wie das Über-Ich im identifikatorischen Prozess erworben. Sie ist der zentrale Organisator der Psyche, durch sie erst wird der Sekundärprozess mit Denk-, Urteils-, Realitätsprüfungs-Funktionen möglich und mitteilbar. »Ich und […] Über-Ich sind […] zweifellos an die Sprache im Sinne des Austausches von Worten und Zeichen gebunden. Sie ist es, die uns gestattet, die Dinge, die anwesenden wie die abwesenden, zu nennen, zu be-zeichnen und mit ihnen bzw. über sie zu handeln und zu reden« (Loch, S. 47). Wortvorstellungen vermitteln zwischen kognitiven und affektiven Zuständen. Sie ermöglichen das Denken und verleihen dem Denkvermögen die affektive Qualität. Wortvorstellungen ermöglichen Bewusstseinsfähigkeit – erst das Benennbare ist bewusstseinsfähig.

Sprache wird und ist Brücke zwischen Ich-Struktur und sozialer Funktion im interaktionellen Prozess; sie wird zur Brücke, zur Verbindung zwischen Ich und vorbewusst gespeichertem Wissen.

Frühe, lebensgeschichtlich erworbene Internalisierungen finden ihren Niederschlag in den verschiedenen zentralen Gedächtnissystemen. Die sinnlichen Erfahrungen, Erinnerungen, sensorischen und motivationalen Zustände und Handlungsschemata werden subkortikal abgespeichert und sind jederzeit abrufbereit. Es ist wiederum die Sprache, die dem Ich diesen autobiografischen Erinnerungsvorrat erschließt und interaktiv benutzbar macht. In einer geglückten Kommunikation werden sehr verschiedene Inhalte miteinander sprachlich koordiniert: der kognitive Inhalt, Emotionalität, Verbindungen zu inneren psychischen Repräsentanzen und der Zugriff auf diese frühen Gedächtnissysteme. Vorstellungen, Fantasien, Triebwünsche und Befriedigung werden sprachlich erschlossen. Symbolisierungsprozesse werden ermöglicht, denkbar und mitteilbar. Wenn Sprache zu mehr als nur einer groben und pragmatischen Orientierung im neuen Kulturraum dienen soll, kommt dem Sprachwechsel eine immense Bedeutung zu, der alle innerpsychischen Prozesse, insbesondere die Ich-Funktionen betrifft.

Sprachwelten

Nach diesen kurzen Überlegungen wird deutlich, was es für einen Menschen bedeutet, sich in Anpassung an eine Lebensumwelt einem kompletten Sprachwechsel zu unterziehen, sich in den Äußerungsformen des Ichs völlig neu zu definieren und eine Trennung von der vertrauten Muttersprache in der Abwendung vom gewohnten traditionellen Kulturraum zu vollziehen.

Der Protagonist in Naipauls Erzählung beschreibt, wie er, getrennt von seinem Herrn, das Wort ›Sahib‹ (als Anrede) gebraucht, dies jedoch nun als falsches Wort erlebt. »Früher einmal hatte ich das Wort hundert Mal am Tag benutzt. Das Wort war nicht unterwürfig, es war mehr wie ein Name, wie ein beruhigender Laut, Teil der Würde meines Herrn und deshalb auch Teil meiner Würde« (Naipaul, S. 63). Dies hat er alles verloren. Der italienische Schriftsteller Cacciari schreibt: »Von der Muttersprache fort zu wandern bedeutet, den Geist entfremden von jeglicher Idee der Allmacht des Wortes, von jeglicher Illusion, dass das Wort vollkommen erkennen und enthüllen kann« (Cacciari, S. 46).

In einer zweiten Sprache müssen all die beschriebenen inneren kognitiven und psychischen Verbindungen völlig neu erstellt, Koordinierungen und Handlungsschemata verändert werden. Triebe, Affekte und Sprachentwicklung wurden frühkindlich miteinander verwoben. Der Zugang zur Emotionalität, zu Fantasien und Symbolen, zu Identifikationen und Internalisierungen muss jetzt im Migrationsprozess sprachlich völlig neu erschlossen werden; dies ist ein sehr aufwändiger, anstrengender und belastender psychischer Prozess. Es wird so zum Beispiel verstehbar, dass ein Patient dann überraschend unverständlich und unsicher im Umgang mit der deutschen Sprache wird, wenn affektiv belastende Themen angesprochen werden: Emotionen und Affekte, Fantasien und Vorstellungen sind möglicherweise nach wie vor am besten in der Muttersprache verfügbar.

Wird der Prozess einer zweiten Versprachlichung nur unvollständig vollzogen oder scheitert er gar ganz, so können vorbewusst gespeicherte Affekte völlig unbewusst und unzugänglich bleiben; eine besondere Form von Unbewusstheit und Stummheit entsteht. Dies bezeichne ich als »transkulturelles Entstehen von Unbewusstheit« (in Anlehnung an Mario Erdheims Konzept »Gesellschaftliche Produktion von Unbewusstheit«, 1984). Diese sehr spezifische Unbewusstheit löst Angst aus, denn bislang verfügbare szenische Fantasien und identifikatorische Modelle fehlen dem Ich nun völlig, auch die Fähigkeit zur Symbolisierung hat gelitten. Auf diesem Wege können im Migrationsprozess, in einem Sprachwechsel die synthetisierenden Fähigkeiten des Ichs erheblich gestört, die Fähigkeit des psychischen Apparates, Affekte und Impulse zu integrieren stark beeinträchtigt werden. Ein psychischer Konflikt findet nun eventuell keinen symbolischen Ausdruck mehr, er wird nicht mehr bewusstseinsfähig, bleibt exkommuniziert. Die Lösung geschieht nur noch auf dem Wege der Symptomentstehung. Vor allem unmittelbar somatische Störungen im Sinne einer Re-Somatisierung (Schur 1955) können die nicht seltene Folge sein.

Die fünfjährige Julia, ein Kind deutsch-polnischer Aussiedler, wird mir vorgestellt wegen partiellem Mutismus; sie war erst polnisch aufgewachsen, sollte nun rasch deutsch können. Sie beschreibt, wie ihr deutsche und polnische Worte gleichzeitig einfallen, und sie zeigt dabei auf zwei verschiedene Stellen am Kopf. »Dann kann ich gar kein Wort sprechen, und ich muss warten, bis beide Wörter weggehen.« Sie erlebt beide Sprach-Pole gleichzeitig, jedoch in einer sich gegenseitig aufhebenden Spannung, die ihre Ich-Funktionen bis zur Sprachlosigkeit lähmt.

Ein 17-Jähriger klagte über heftige Konzentrationsprobleme und Vergesslichkeit. Er ist Sohn eines nigerianischen Vaters und einer deutschen Mutter, hatte in seinem Leben die DDR, Nigeria, West-Berlin kennengelernt und lange in Afrika gelebt. Es ist »etwas blockiert in mir, als wenn ich zwei Gedächtnisse hätte, zwei Gehirne. Eines sagt, wo der Gedanke enden könnte. Das andere sagt nein, es geht nicht weiter«. Eindrücklich belegen diese Zitate den transkulturellen Konflikt in der Zweisprachigkeit und das Scheitern daran. Eine Lösung, ein Erleben von Ganzheit und Authentizität ist nicht möglich. Die Eltern sehen oft die Nöte dieser Kinder nicht und leugnen deren Probleme im Migrationserleben, können nicht vermitteln zwischen altem und neuem Sprachumfeld. Die zweite Generation der Migranten hat so ein spezielles Problem. Sie pendelt von der Muttersprache zur zweiten Sprache, die in einer zweiten Versprachlichung ebenso etwas wie eine Muttersprache für sie werden soll. Dieser doppelte Spracherwerb gelingt häufig jedoch nur unvollständig. Für eine Berufsausbildung hat oft »das Deutsch nicht gereicht«. Die grammatikalischen Fähigkeiten und sprachlichen Fertigkeiten fehlen, sich zu mehr als rein faktischen Gegebenheiten zu äußern, gefühlshaftes Erleben kann kaum benannt, selten differenziert werden. Dies ist für den Betreffenden selbst ein Kommunikationsproblem, tiefere Mitteilungen, gerade auch über emotionale Inhalte, sind kaum möglich; transkulturelle Konflikte bleiben unzugänglich und ungelöst.

Der Zugang zum transkulturellen Feld

Ich fokussiere bereits bei den kleinsten Hinweisen auf eine Migrationsthematik in den ersten Gesprächen doppelt, neben dem Erfassen eines individuellen psychodynamischen Konfliktes deutlich auch auf den Prozess der Migration und der Integrationserfahrungen, auch wenn der Patient selbst nicht darüber spricht oder die Migration als gelungen bezeichnet. Ich bin als Analytikerin deutlich auf einer Suche nach den Spuren der transkulturellen Themen, zentriere innerlich auch auf transkulturelles Erleben, das sich aus der Lebensgeschichte des Patienten in der Übertragung vermittelt. Es sind die Auswertungen meiner Gegenübertragung und die Gesamtheit der Mitteilungen des Patienten, mit denen es mir gelingt, den zweiten Fokus zu präzisieren. Hierin mit dem Patienten zu arbeiten gelingt in einer empathischen Haltung, mit dem »bewegliche(n) emotionelle(n) Spürsinn« (Heimann 1957/58, S. 420). Lorenzer formuliert zur Arbeit des Analytikers: »Der Zentralvorgang der Verstehensoperation in der Psychoanalyse aber läuft über die Teilhabe an der in der Übertragung verwirklichten Lebenspraxis des Patienten [...]. Wenn sich der Patient dem Analytiker zuwendet, so aktualisiert er in der Herstellung eines Kontaktes auch jene allgemeinen Übertragungsvalenzen, mit denen sein Verhalten immer durchsetzt ist« (Lorenzer 1973, S. 237).

Es geht darum, sich diesem kulturell Unbekannten in der psychoanalytischen Beziehung zu stellen. Das Ziel ist nicht nur, bisher abgewehrte und verpönte Fantasien zu benennen, sondern eben jene unsagbaren Inhalte zu erkennen, die im transkulturellen Prozess verloren gingen, weil sie in den Code der zweiten Sprache keinen Zugang fanden. Diese gilt es nun zu erfassen und gemeinsam zu rekonstruieren. Der Patient muss von uns häufig auf diesen – ihn beschämenden – Mangel an Zweit-Versprachlichung hingewiesen werden. Mit ihm gemeinsam ist herauszufinden, in welcher Sprache die Emotionen ihren angemessenen Ausdruck finden könnten, zugehörig zur aktuell vorgestellten und konflikthaft erlebten Situation. So kann er selbst beginnen, verschüttete Gefühlszugänge freizulegen, inneren Raum gewinnen, das eigene Selbstverständnis neu zu entfalten. Eventuell bitte ich einen Patienten auch, in seiner Muttersprache zu sprechen, sogar wenn ich diese nicht selbst verstehe. In der Muttersprache zu sprechen, verhilft dazu, wieder mehr von sich zu fühlen, veränderten Zugang zum eigenen Erleben zu entwickeln. Doch werden sich auch mir im Klang der Sprache, in der Modulation der Stimme die verborgenen Gefühle vielleicht vermitteln, sodass wir gemeinsam mehr erkennen, der Patient sich als »erkannt« (Erikson 1956), als beantwortet erleben kann; durch das gemeinsame Betrachten wird das Zusammenführen der getrennt gehaltenen Lebensbereiche möglich.

Kasuistik Anna

Anna, eine 18-jährige Jugendliche mit russisch klingendem Namen und am Telefon leichtem Akzent, wird wegen ihrer Ängste und depressiven Verstimmungen von einem Psychiater überwiesen. Sie kommt zum Erstgespräch gemeinsam mit dem Vater, kann sich von ihm dann nur sehr schwer trennen. Sie wünsche eine Psychotherapie zu machen, sagt sie allein recht rasch, ohne dass ich spüren kann, sie wisse wovon sie spreche. Anna wirkt auf mich attraktiv, doch auch depressiv. Sie blickt ernst, zeigt wenig Blickkontakt, hat eine recht klare Sprache, in der sie etwas monoton ihre Probleme beschreibt, auf die ich an dieser Stelle nicht eingehen möchte. Sie ist sehr schmal, sehr hübsch und modisch sorgfältig gekleidet. Mein inneres Interesse war einerseits eingestellt auf die Probleme, die sie mir mitteilen würde, andererseits aber war ich sofort neugierig auf ihre Lebens- und Migrationsgeschichte. Wie war sie zu uns nach Deutschland gekommen, wie waren die Zusammenhänge?

Fast weinend und drängend berichtet sie. Sie war vor fünf Jahren nur mit dem Vater aus dem Kaukasus nach Deutschland übersiedelt, habe mit der Sprache Probleme gehabt, da sie diese erst hier erlernte; etwas schwierig sei es für sie noch heute manchmal. Auf meinen knappen Hinweis, dass ich etwas Russisch verstünde, geht sie nicht ein. Anlass zum Therapiewunsch seien die Minderwertigkeitsgefühle, sie habe seit fast drei Jahren regelrechte Hysterieanfälle, da sie sich nicht schön fühle, ganz große Angst vor Pickeln habe, in der Schule ausgelacht werde, deshalb fast nicht mehr hingehe, mit der ersten Liebe habe sie Pech gehabt und monatelang nur geheult. Sie habe auch viel geweint und sich lange nicht mehr beruhigen können, als die beste Freundin vor ca. drei Jahren aus Berlin fort und nach Süddeutschland verzogen sei. Sie habe nun Angst vor Menschen, traue sich kaum noch aus dem Haus.

Ich frage nach der Lebenssituation und warum sie nach Deutschland gekommen sei. Die beklagte Symptomatik scheint mir deutlich in den Bereich von narzisstischer Adoleszenz- und Identitätskrise zu gehören; mein Kontakt mit Anna, die recht steif und starr wirkte, bestätigt meine Vermutung, tiefere neurotische Konflikte könnten vorliegen. Doch verwies sie sofort auf die Migration und ich hatte wichtige Hinweise erhalten, die auf Probleme im Bewältigen des Migrationsprozesses hinwiesen. Deshalb erkundigte ich mich als Erstes nach dem Anlass der Übersiedlung. Der Vater sei deutschstämmig, sagt sie als Erstes. Deshalb habe man überhaupt herkommen und bleiben können; in Russland gäbe es nichts, keine Arbeit, kein Essen, kein Geld für den Universitätsbesuch später. So habe man einfach weggehen müssen, es sei nicht gewollt. Der Vater sei bereits Rentner. Ich stelle für mich im Stillen fest, dass es wohl der einzige und zentrale Migrationsanlass war, die Schul- und Ausbildungssituation für Anna zu verbessern und ihr eine gewisse Zukunft zu sichern. Die Eltern waren seit zwölf Jahren geschieden, die Mutter lebte weiter in Russland, gelegentlich gäbe es Telefonate miteinander. In einem kurzen anschließenden Gespräch mit dem Vater und in den nächsten drei Sitzungen mit Anna erfahre ich allmählich eine sehr komplizierte Familiengeschichte. Der Vater stamme aus der Ukraine, die deutschen Wurzeln reichten zurück bis zur Zeit von Katharina der Großen, im Zweiten Weltkrieg war seine Familie nach Sibirien und Kasachstan verschleppt worden. Spät hatte er – zurück im Kaukasus – Annas Mutter kennengelernt, eine Verbindung die nach Annas Geburt rasch zur Trennung und Scheidung führte. So wuchs sie bei der Großmutter auf, einige Jahre später war sie bei der Mutter. Mit der damals zehnjährigen Tochter machte sie einen ersten Versuch nach Deutschland überzusiedeln, sie scheiterte aber nach einem Jahr des Wartens in einem niedersächsischen Heim an den ausländerrechtlichen Bestimmungen – nur die Tochter, nicht die Mutter wäre deutschstämmig; beide mussten zurück nach Russland gehen. Sie lebte mit der Mutter wieder im Kaukasus, der Vater in ihrer Nähe. Die Informationen waren für mich schwer nachvollziehbar, aber Anna war schon einmal in Deutschland gewesen, bevor sie dann endgültig 13-jährig mit ihrem Vater allein nach Berlin kam und fortan mit ihm lebte, zum ersten Mal in ihrem Leben.

Ich versuche diese Mitteilungen zu ordnen und für mich in ihrem psychodynamischen Gehalt zu gewichten, während Anna weiter depressiv über sich und die Angst vor Pickeln klagt, keine Perspektive für sich sieht und mutlos jammert über die Angst auch den jetzigen Freund wieder zu verlieren. Von ihren Problemen dürfe er nie etwas erfahren. Ohne viel innere Bewegung berichtet sie, wie sehr die Mutter sie immer kritisiert habe. Meine vorsichtigen Hinweise auf die schwierige Lebensgeschichte, die Trennung von der Mutter verändern Annas Reden und fast stereotypes Um-sich-selbst-Kreisen nicht, auf meine Interventionen geht sie nicht ein. Dennoch waren sofort und mit viel Nachdruck von ihr das Arbeitsbündnis und die gemeinsame Planung zur Psychotherapie bestätigt worden. Sie formuliert als Ziel der Therapie, dass ihr »einer das Leben erkläre, damit sie so leben könne, wie es in der Jugend üblich« sei. Meine diagnostische Einschätzung ist folgende: Es lag eine neurotische Störung und eine ödipale Konfliktlage vor, die ursächlich in Verbindung zu ihren Beziehungen gegenüber den primären elterlichen Objekten standen. Die Adoleszenzaufgaben der Ablösung und Individuation waren für sie nicht zu bewältigen. Ich-Struktur und -Identität waren über das neurotische

Ausmaß hinaus schwer erschüttert und verunsichert durch das Erleben der komplizierten und belastenden Migrationsgeschichte. Doch alle diesbezüglichen Affekte und Probleme werden völlig verleugnet. Nicht die zweimalige Trennung von den Freunden im Kaukasus ist problematisch, völlig inadäquat und nicht einfühlbar bejammert wird der Verlust der Freundin – die doch in Süddeutschland noch erreichbar wäre – und immer wieder wird der erste Liebeskummer beklagt, obwohl sie diesen Jungen doch gar nicht geliebt habe. Ich bin völlig irritiert, mutlos und habe das Gefühl mich mit ihr ohne Ende im Kreis zu drehen. Es scheint keinen Ansatz zur Introspektion zu geben. Ich frage mich fast hilflos, wie ich in empathischen Kontakt zu ihr und ihren Gefühlen kommen, etwas in ihr bewegen könnte. In unserer fünften Sitzung geschieht es dann überraschend und in unerwarteter Weise.

Sie klagt wieder über ihre Angst, auch den jetzigen Freund endgültig zu verlieren, den sie gleichwohl ja gar nicht liebe. Falls dieser sich auch vor den anderen nicht mehr für sie interessieren wolle, dann müsse sie sich entweder umbringen oder in eine andere Stadt ziehen, noch eine Enttäuschung würde sie nicht aushalten. In mir regen sich nun recht heftige Gefühle, erschreckt und wütend zugleich beschließe ich sie zu konfrontieren. Ich sage: Dies stimme nicht, das sei nicht die erste Enttäuschung ihres Lebens und wenn sie Berlin verließe, würde sie wieder alles verlieren, so wie sie bisher immer alles verloren hätte. Ich fühle mich recht erbarmungslos, aber zähle an meinen beiden Händen die vielen Trennungen und Verluste von nahen Menschen auf, die sie in ihrer Lebensgeschichte erlebte bis zur Ankunft im 13. Lebensjahr in Berlin. Sie schweigt, schaut mich stumm und mit innerer Bewegung an, ich merke, ich habe sie erreicht. Nach einer kleinen Pause sagt sie, mit leiser Trauer in der Stimme: »Ich habe es nicht gewollt mit Vater zu kommen, es ist nur, weil ich dort keine Chance habe.« Ich antworte ihr: »Es war nur der Verstand, nur die Vernunft sagte, Sie sollten nach Deutschland gehen, vom Gefühl gehören Sie nach Russland.« »Ja«, sie sieht mich mit ganz klarem Blick an, zum ersten Mal lächelnd, eine empathische Situation ist neu entstanden. Ich sage, dass sie eben noch davon sprach sich umzubringen. »Ja«, das sei noch in ihrem Kopf. Ich erwidere, dass ich dann den Abschied von ihr zu vollziehen hätte, was sie selbst so oft mit anderen erlebt habe. Ich könne ihre Gedanken verstehen, da es zum Verzweifeln sei, immer wegzugehen und nicht zu wissen, was werde. Gemeinsam hätten wir nun die Aufgabe einen neuen Weg zu suchen. Wir schweigen eine Weile und schauen uns an. Ich erlebe tief die Begegnung. Dann sage ich spontan: »Das Beste wäre, wir könnten W., die Heimatstadt im Kaukasus, und Berlin zusammenpacken, zu einem Ort machen.« Sie strahlt mich an und lacht laut auf: »Ja! Das wäre schön.« Nun schließt sich ein spannender Dialog an. Sie erkundigt sich bei mir, welche Bücher sie lesen könne, um sich besser zu fühlen. Ich beschließe, darauf so direkt nicht einzugehen, sondern sie nach ihrem Leseinteresse überhaupt zu befragen. Anna antwortet: Zeitschriften und erklärt dann in trockenem Ton, alles über den Zweiten Weltkrieg gelesen zu haben. Ich habe das Gefühl, hiermit beantwortet sie die Frage einer russischen Lehrerin im Kaukasus und fühle mich im transkulturellen Feld mit ihr. Ihre Übertragung, die etwas Altes aus dem Heimatland berührt und anklingen lässt, nutze ich aus und frage sie im Gegenzug nach russischen Autoren ihrer Wahl, möchte den guten Kontakt festhalten. Sie ist etwas irritiert; mir scheint, sie stellt sich die Frage, darf sie hier einfach sprechen, so wie sie mag? Ich nenne Tschechow oder Puschkin, was kennt sie, mag sie? Wir erzählen uns vom »Postmeister«, den ich russisch ausspreche. Sie seufzt, lächelt mich an, die Atmosphäre im Raum ist ganz verändert, die Stimmung emotional dicht. Die Abwehrstrategien sind verändert. Spontan fragt sie mich, ob ich etwas von Gogol kenne. Ich bejahe und sage, dass er immer so Schlimmes beschreibe. Sie habe ganz Schreckliches von ihm gelesen und dann davon geträumt. Lebhaft und mit viel Bewegtheit berichtet sie, mich anschauend, den ganzen Traum, den ich interessiert höre. Das innere Thema wurde damit zwischen uns benannt, ich weiß jetzt, psychoanalytische Arbeit am inneren Konflikt kann in den weiteren Sitzungen aufgenommen werden, dieser Traum wird uns den Weg zu ihrem intrapsychischen Konflikt weisen.

Doch wir sind auch im transkulturellen Feld angekommen, denke ich. Wir haben gemeinsam in einer empathischen Weise den Zugang zu den alten Erfahrungen, zur russischen Kultur gefunden. Dieser war völlig abgesperrt, lag wohl hinter der Glaswand, von der Naipaul schreibt. Sehr zugewandt und in gutem Kontakt verlässt sie den Raum, da fügt sie noch eine kleine Sequenz an. Sie kommt zurück und fragt in angenehmer, bezogener Weise nach der Uhrzeit, sie versteht jedoch plötzlich nicht mehr, was ich sage: Viertel vor acht. Trotz mehrerer Versuche meinerseits, die Zeitangabe für sie zu formulieren, wir verstehen uns nicht. Sie wirkt verwirrt – so wie Demir es im Kontakt zu seinem Vater am Ende des Fußballspieles war. Etwas hilflos versuche ich es auf Russisch, was ich aber nicht recht schaffe. Da strahlt sie mich an, sagt mir rasch die korrekte Zeitangabe in ihrer Sprache, »weniger fünfzehn acht« und es klingt fast als singe sie, so freudig wirkt es. »Ja, genau«, sage ich, »so ist es, jetzt weiß ich es auch wieder«; es entsteht ein sehr, sehr dichter Kontakt. Diese neue gemeinsame Erfahrung, die sie für uns hier herstellte, als sie zum ersten Mal mir gegenüber ihre Muttersprache benutzte, war ihre jetzt positive Antwort und Erwiderung auf meine Versuche, sie in ihrem gesamten Erleben zu erfassen und zu verstehen. Wir beide haben uns das Alte, Vertraute aus der russischen Lebenssphäre angeschaut, wissen und kennen seinen Wert, den der Sprache, den der Kultur. Eine Verbindung zum Heute wird in unserer Beziehung gelingen können.

Der Blick hinter die Abwehrfassade, das Vernehmen und Erreichen ist gelungen – die psychoanalytische Begegnung im transkulturellen Raum hergestellt, die trennende »Glaswand« von der Naipauls Protagonist spricht, wird gemeinsam vorsichtig abgebaut. Das Ziel der psychoanalytischen Arbeit, jeder psychoanalytischen Beziehung und Intervention im transkulturellen Feld, das abgespaltene Erleben zum Thema zu machen, die subjektive Innenbefindlichkeit so weitgehend als möglich aufzudecken, konnte erreicht werden.

Literatur

Bion, W.R. (1990): Lernen durch Erfahrung. Frankfurt/M. (Suhrkamp).

Cacciari, M. (1995): Die Weiße und die Schwarze In: Cacciari, M.; Jabès, E. & Nono, L.: Migranten. Berlin (Merve).

Erdheim, M. (1984): Die gesellschaftliche Produktion von Unbewusstheit. Frankfurt/M. (Suhrkamp).

Erikson, E.H. (1950): Kindheit und Gesellschaft. Stuttgart (Klett-Cotta), 1984.

Erikson, E.H. (1957): Das Problem der Identität. In: Psyche 21, 114–176.

Erikson, E.H. (1968): Jugend und Krise. Stuttgart (dtv/Klett-Cotta), 1988.

Federn, P. (1952): Ichpsychologie und die Psychosen. Frankfurt/M. (Suhrkamp), 1978.

Grinberg, L.; R. Grinberg (1990): Die Psychoanalyse der Migration und des Exils. München, Wien (Verlag Internationale Psychoanalyse).

Heimann, P. (1957/58): Psyche 11, 420.

Kohte-Meyer, I. (1993): »Ich bin fremd, so wie ich bin.« Migrationserleben, Ich-Identität und Neurose. In: Prax. Kinderpsychol. Kinderpsychiat. 43, 253–259. Wiederabgedruckt in: Streek, U. (Hg.) (2000): Das Fremde in der Psychoanalyse. Erkundungen über das ›Andere‹ in Seele, Körper und Kultur. Gießen (Psychosozial-Verlag), S. 119–132.

Kohte-Meyer, I. (1994b): Psychoanalyse zwischen den Kulturen: Entstehen von Unbewusstheit und Neurose im transkulturellen Prozess. IX. FORUM IFPS, Florenz. Unveröffentlichtes Manuskript.

Kohte-Meyer, I. (1999): Spannungsfeld Migration: Ich-Funktionen und Ich-Identität im Wechsel von Sprache und kulturellem Raum. In: Pedrina, F.; Saller, V.; Weiss, R. & Würgler, M. (Hg.) (1999): Kultur, Migration, Psychoanalyse. Tübingen (edition diskord).

Kohte-Meyer, I. (2000): »Die Gerüche des Basars in meinem Behandlungszimmer«. In: Rodewig, K. (Hg.) (2000): Identität, Integration und psychosoziale Gesundheit. Gießen (Psychosozial-Verlag).

Klinke, R.; Kral, A. & Hartmann, R. (2001): Sprachanbahnung über elektronische Ohren – So früh wie möglich. In: Deutsches Ärzteblatt, Jg. 98, H. 46, A-3049–3052.

Loch, W. (1993): Deutungs-Kunst: Dekonstruktion und Neuanfang im psychoanalytischen Prozess. Tübingen (edition diskord).

Lorenzer, A. (1973): Sprachzerstörung und Rekonstruktion. Frankfurt/M. (Suhrkamp).

Lorenzer, A. (1976): Wittgensteins Sprachspielkonzept in der Psychoanalyse. In: Psyche 30, S. 833–852.

Lorenzer, A. (1977): Sprachspiel und Interaktionsformen. Frankfurt/M. (Suhrkamp).

Nadig, M. (1986): Die verborgene Kultur der Frau. Ethnopsychoanalytische Gespräche mit Bäuerinnen in Mexiko. Frankfurt/M. (Suhrkamp).

Naipaul, V.S. (1995): Einer von Vielen. In: Naipaul, V.S.: In einem freien Land. Köln (Kiepenheuer & Witsch), S. 27–76.

Parin, P. (1976): Das Mikroskop der vergleichenden Psychoanalyse und die Makrosozietät. In: Psyche 30, S. 2–25.

Parin, P. (1978): Der Widerspruch im Subjekt. Frankfurt/M. (Syndikat).

Schur, M. (1955): Zur Metapsychologie der Somatisierung. In: Brede, K. (Hg.) (1974): Einführung in die psychosomatische Medizin. Frankfurt/M. (Fischer).

Trimborn, W. (1979): Der progressive Abwehrcharakter des Über-Ichs. In: Cremerius, J.; Hoffmann, S.O. & Trimborn, W. (1979): Über-Ich und soziale Schicht. München (Kindler), S. 97–143.

Winnicott, D.W. (1983): Metapsychologische und klinische Aspekte der Regression im Rahmen der Psychoanalyse. In: Winnicott, D.W. (1958): Von der Kinderheilkunde zur Psychoanalyse. Frankfurt/M. (Fischer Taschenbuch), S. 183–207.

Die transkulturelle Psychotherapie nach Marie Rose Moro

Zur Integration unterschiedlicher kultureller Bezugspunkte in der Psychotherapie von MigrantInnen

Gesine Sturm

Im Folgenden möchte ich einen Psychotherapieansatz vorstellen, der in Frankreich in der Arbeit mit MigrantInnen entwickelt wurde. Es handelt sich um die aus der französischen Ethnopsychoanalyse hervorgegangene transkulturelle Psychotherapie, die von der Psychiaterin und Psychoanalytikerin Marie Rose Moro und ihrem Team praktiziert wird. Ich hatte diese Therapieform im Rahmen eines Praktikums kennengelernt und mich in meiner Diplomarbeit (bei Prof. Maya Nadig in Bremen) mit der Frage auseinandergesetzt, in welcher Form in dieser Therapie auf die Kultur der PatientInnen zurückgegriffen wird (Sturm 1999). Schwerpunkte der Arbeit von Marie Rose Moro sind die Kinder- und Jugendpsychiatrie, Eltern-Kind-Therapie, Psychiatrie im Rahmen humanitärer Einsätze und transkulturelle Psychotherapie. Dabei hat sie sich besonders intensiv mit den spezifischen Problemen von MigrantInnen, der Frage der Elternschaft in der Migration und mit den psychischen Problemen von Kindern und Jugendlichen aus Migrantenfamilien auseinandergesetzt (Moro 1998, 1999; Moro/Sturm 2001). Augenblicklich ist sie Leiterin der Kinder- und Jugendambulanz am Krankenhaus Avicenne und Professorin für Psychiatrie und Pädopsychiatrie an der Universität Paris XIII.

Moros Therapieansatz ist im Kontext der französischen Ethnopsychoanalyse zu sehen. Die ethnopsychoanalytischen Konzepte zur Psychotherapie zeichnen sich dadurch aus, dass eine Pluralität kultureller Repräsentationen in den therapeutischen Prozess einbezogen wird. Dazu gehören auch Vorstellungen und Denkweisen aus dem kulturellen Kontext, aus dem die PatientInnen nach Frankreich migriert sind. Dieser Aspekt hatte mich in meinem Praktikum sehr fasziniert, da durch diese Arbeitsweise oftmals ganz neue Blickwinkel auf die aktuellen Probleme der PatientInnen zugänglich wurden. Gleichzeitig hatte ich die in Frankreich teils recht hitzig geführte Debatte um die klinische Ethnopsychoanalyse verfolgt, die sich vor allem an den Arbeiten von Tobie Nathan festmachte. Dabei war der Vorwurf des »Kulturalismus« und der »Zuschreibung« ethnischer Identitäten durch den Rückgriff auf ein naives, verdinglichendes Kulturverständnis geäußert worden (siehe z.B. Benslama 1996).

Auch wenn Nathans Arbeiten hier nicht mein Thema sein sollen, sind die Diskussionspunkte, die in der Debatte um sein psychotherapeutisches Vorgehen aufgeworfen wurden, von großer Bedeutung für jede Form der Psychotherapie, in der gezielt Bezug auf die Kultur der PatientInnen genommen wird. Die zentralen Diskussionspunkte lassen sich in folgenden Fragen zusammenfassen:

1. Wie können Vorstellungen aus dem kulturellen Kontext der Herkunftsländer der PatientInnen in die Therapie integriert werden, ohne dass dabei eine Verdinglichung von Normen vorgenommen wird?
2. Wie kann die kulturelle Identität der PatientInnen in der Therapie in allen ihren Facetten thematisiert werden, die sowohl die Zugehörigkeit zum neuen kulturellen und nationalen Umfeld einschließen als auch den Bezug auf transnationale familiäre Netze, religiöse Affiliationen etc.?
3. Wie lassen sich kulturelle und soziale Fragen in der Therapie parallel berücksichtigen, ohne dass der Fokus auf die Kultur der PatientInnen den Blick auf ihre soziale Position im aktuellen Umfeld verstellt?
4. Ist überhaupt ein spezifisches Vorgehen in der Psychotherapie von MigrantInnen sinnvoll oder läuft man mit einer derartigen Spezialisierung Gefahr, einer Segregation im Gesundheitssystem zuzuspielen?

Ich werde auf diese Fragen am Ende des Artikels zurückkommen und diskutieren, wie im Team von Moro mit den aufgeworfenen Problematiken umgegangen wird. Zunächst möchte ich jedoch ihren transkulturellen Therapieansatz vorstellen und anhand eines Fallbeispiels illustrieren.

Ursprünge und Hintergründe der transkulturellen Psychotherapie von Moro

Die Ursprünge der aktuellen ethnopsychoanalytischen Therapieansätze sind vielfältig. Neben den Arbeiten von Georges Devereux (1973, 1978) sind besonders die Veröffentlichungen von Bedeutung, die im Rahmen der Reformpsychiatrie in Fann (bei Dakar, Senegal) seit dem Beginn der 1960er Jahre hervorgebracht wurden (siehe Collignon 1978). Gleichzeitig gibt es einen starken Einfluss der Arbeiten von Lévi-Strauss (1993, 2001).

Moro stützt sich in ihrer Arbeit ausdrücklich auf Georges Devereux. Sie übernimmt Devereux' »komplementaristische Methode« (Devereux 1978) als Forschungszugang in der Psychotherapieforschung (Moro 1994). Die Aufarbeitung kulturell geprägter Gegenübertragungsreaktionen, die von Devereux eingefordert wurde (Devereux 1973), nimmt bei Moro einen wichtigen Stellenwert ein.

Was die psychotherapeutische Technik betrifft, übernimmt Moro einige Neuerungen von Tobie Nathan, wie etwa die Arbeit in einem multikulturellen Team oder den Einbezug kulturspezifischer Krankheitsvorstellungen in den therapeutischen Prozess (siehe Nathan 1986, 1993). Die neueren Entwicklungen in Nathans Arbeiten (Nathan 1994; Nathan 1997), die immer mehr in Richtung einer »Wiedereinschreibung der PatientInnen in ihren kulturellen Hintergrund« gehen (siehe dazu auch Corin 1997), hat sie jedoch nicht mit vollzogen. Ihr Schwerpunkt liegt vielmehr in der Differenzierung und Erweiterung des psychotherapeutischen Vorgehens bei der Konsultation, wobei ganz verschiedene kulturelle Repräsentationen in die Psychotherapie integriert werden können. Im Zentrum steht dabei die Arbeit an der Verbindung zwischen unterschiedlichen Erfahrungsräumen.

Psychische Universalität und kulturelle Spezifität

Wie Devereux geht Moro davon aus, dass die Grundstruktur der menschlichen Psyche universell ist. Unterschiede finden sich hingegen auf der Ebene der kulturellen Symbolsysteme, auf die sich ein Individuum bezieht, also auf der Ebene der sinnstiftenden Rahmen (s.a. D'Andrade 1984). In verschiedenen

Kulturen kann ganz unterschiedlich mit Schnittstellen des Lebens wie Geburt, Mutterschaft, Krankheit, Alter, Tod etc. umgegangen werden. Die Kultur stellt gewissermaßen Symbolisierungsangebote für die Verarbeitung dieser Momente zur Verfügung. Die Interpretation dieser kulturellen Symbole ist situationsabhängig und von der individuellen Auslegung des Akteurs (Sprechers, Künstlers, ...) geprägt. Die Sprache hingegen, also die Repräsentationen, die in einer Kultur geläufig sind, werden überindividuell geteilt (s. a. Hall 1997).

Dies hat nun Konsequenzen für die transkulturelle Therapie: Während sich in einer intrakulturellen Therapiesituation TherapeutIn und PatientIn in etwa auf dieselben kulturellen Repräsentationen beziehen, ist dies in einer transkulturellen Therapie nicht unbedingt der Fall. Um dieser Situation gerecht zu werden, wurde in der französischen Ethnopsychoanalyse vorgeschlagen, in der Therapie zwei Ebenen zu unterscheiden: Auf der *kulturellen Ebene* des therapeutischen Dialogs werden kulturelle Repräsentationen thematisiert, die für die PatientInnen Bedeutung haben (etwa in Form der Frage »Was sagt man in Ihrer Familie, wenn ein bestimmtes Problem auftaucht?«). Auf der *idiosynkratischen Ebene* geht es hingegen darum, wie die PatientInnen diese Repräsentationen auf ihre ganz persönliche Art und Weise interpretieren (siehe Nathan 1986).

Von den Vertretern der französischen Ethnopsychoanalyse wurde eine Reihe von Neuerungen auf der Ebene des Settings eingeführt, mit deren Hilfe das therapeutische Gespräch für kulturelle Repräsentationen unterschiedlichster Herkunft geöffnet werden soll. Die Arbeit im multikulturellen Team nimmt dabei eine herausragende Stellung ein.

Moro bezeichnet die kulturellen Repräsentationen, die die PatientInnen in den therapeutischen Prozess einführen, als »kulturelle Logiken« (logiques culturelles). Sie stellen einen Rahmen dar, innerhalb dessen die Assoziationen der PatientInnen organisiert sind. Zudem sind sie überindividuell, das heißt, sie stellen auch eine Art Sprache dar, in der die PatientInnen mit ihrem Umfeld über ihre Schwierigkeiten sprechen können. Die kulturellen Repräsentationen, die die PatientInnen einführen, werden nicht interpretiert, wohl aber die konkreten Geschichten, die sie erzählen. Zudem wird der Frage nachgegangen wie und warum ein Patient zu einem bestimmten Moment auf eine ganz bestimmte Weise auf eine kulturelle Repräsentation zurückgreift. Daraus können Hinweise auf die Beziehung zwischen Patient und Therapeut erschlossen werden, und es kann herausgearbeitet werden, wie der Patient sein aktuelles und sein früheres Umfeld wahrnimmt.

Die Dezentrierung

Moro betont die Anforderungen, die eine transkulturelle Therapie an die Person der TherapeutIn stellt. Die TherapeutIn muss sich sowohl intellektuell als auch emotional von den ihm vertrauten Normen und Vorstellungen distanzieren können. Gleichzeitig muss er eine Bereitschaft entwickeln, sich auf Vorstellungen und Denkweisen einzulassen, die ihm nicht vertraut sind. Moro bezeichnet den Prozess der Distanzierung von den eigenen kulturellen Bezugspunkten als »Dezentrierung«. »Selber Migrant zu sein ist weder eine notwendige, noch eine zureichende Bedingung, um Ethnopsychiatrie zu praktizieren. Was wichtig ist, ist dass man die Erfahrung der Dezentrierung hat und dass man sich mit bestimmten kulturellen Systemen vertraut macht. Dank der Gruppe potentialisieren sich die Erfahrungen der Gruppenmitglieder« (Moro 1999, S. 165).

Darüber hinaus ist jedoch eine Aufarbeitung der kulturell geprägten Anteile der Gegenübertragung notwendig. Wie Devereux gezeigt hat (Devereux 1973), rufen ja gerade fremde Ausdrucks- und Erlebensweisen zunächst einmal Angst hervor. Erst wenn diese Angst bewusst und reflektiert wird, können Verzerrungen durch die Angstabwehr aufseiten der TherapeutIn vermieden werden, und es kann ein empathisches Verhältnis zur PatientIn entstehen.

Die transkulturelle Ambulanz des Krankenhauses Avicenne

In der Regel werden die PatientInnen an die transkulturelle Ambulanz verwiesen, nachdem sie bereits an anderer Stelle betreut wurden. Da sich die transkulturelle Ambulanz als eine Anlaufstelle für spezifische Probleme sieht, ist diese Arbeit an zweiter Stelle durchaus gewollt. Parallel zu den klassischen psychotherapeutischen Verfahren werden einige speziell auf transkulturelle Situationen zugeschnittene Settings angeboten. Die Entscheidung, welches Setting in einem konkreten Fall gewählt wird, wird nach klinischen Kriterien und unter Berücksichtigung des Wunsches der PatientInnen getroffen. Ein Großteil der MigrantInnen, die in der Ambulanz des Krankenhauses Avicenne behandelt werden, wird mit klassischen psychotherapeutischen Verfahren betreut, bei Bedarf unter Supervision durch KollegInnen (vorzugsweise in einem transkulturellen Setting). Durch die Verankerung der spezifischen Interventionen im Regelversorgungssystem wird eine Segregation innerhalb des Gesundheitssystems vermieden.

Die flexible Kombination unterschiedlicher therapeutischer Räume

In der transkulturellen Ambulanz bestehen verschiedene Settings nebeneinander, die je nach Bedarf der PatientInnen in unterschiedlichster Weise verbunden werden können. Grundpfeiler bilden dabei die Therapien im multikulturellen TherapeutInnenteam, Therapien mit DolmetscherInnen oder Kultur-MediatorInnen und Therapien mit muttersprachlichen TherapeutInnen. Wenn die Komplexität einer familiären Problematik dies erfordert, können durchaus unterschiedliche therapeutische Interventionen kombiniert werden. Die konkreten Kombinationen, die sich in dieser flexiblen Strategie ergeben, sind theoretisch unbegrenzt. Ein Zuziehen von SchulpsychologInnen etwa oder auch eine Zusammenarbeit mit anderen Teams, die dann regelmäßig an den Gruppensitzungen teilnehmen, sind möglich.

In der Gruppentherapie wird an einer Veränderung des Familiensystems als Ganzem gearbeitet, wobei die Bedeutung der Migrationsgeschichte oftmals eine zentrale Stellung einnimmt. In einer begleitenden Einzeltherapie können akute Probleme einzelner Familienmitglieder aufgearbeitet werden. Die Koordination unterschiedlicher therapeutischer Räume hat zudem noch einen weiteren Effekt, der sich in der Arbeit mit Migrantenfamilien bewährt hat: Es kann an der Differenzierung und der Verbindung unterschiedlicher Erfahrungsräume gearbeitet werden. Durch diese Form der Arbeit kann der Komplexität der Lebenswelt von MigrantInnen Rechnung getragen werden.

Die Übersetzung in der Therapie

Die Übersetzung nimmt in Moros Therapie eine zentrale Stellung ein. Es geht nicht allein um die Sicherung der sprachlichen Verständigung, sondern darum, unterschiedlichen Sprach-, Denk- und Gefühlswelten in der Therapie einen Platz einzuräumen. Während der Therapiesitzungen entscheiden die PatientInnen selbst, wann sie welche Sprache sprechen wollen. Die Sprachwechsel, die dabei entstehen, können in unterschiedlichen Bedeutungszusammenhängen stehen. Manchmal greifen die PatientInnen erst im Verlauf der Therapie und nur im Zusammenhang mit ganz bestimmten Themen auf ihre Muttersprache zurück. Der Sprachwechsel kann dabei im Zusammenhang mit der Erinnerung und der Aufarbeitung der Vergangenheit stehen. In anderen Fällen wiederum sprechen die PatientInnen zunächst ausschließlich in ihrer Muttersprache und beginnen erst mit der Zeit, nach und nach französische Äußerungen einfließen zu lassen. In solchen Fällen kann der Gebrauch des Französischen unter dem Zeichen der Aneignung einer bis dahin als fremd empfundenen Umwelt verstanden werden.

Die Übertragung auf die DolmetscherIn und deren Gegenübertragungsreaktionen werden in der Therapie thematisiert und bearbeitet. Manchmal kann die Reaktion der DolmetscherIn auf eine PatientIn einen Hinweis darauf geben, welche Position die PatientIn in ihrer Herkunftskultur hat, zum Beispiel wenn die PatientIn von der DolmetscherIn sehr respektvoll behandelt wird. Manchmal kann die DolmetscherIn auch für Kinder von MigrantInnen zu einer Identifikationsfigur werden, da sie die Möglichkeit, unterschiedliche kulturelle Bezugspunkte zu verbinden, in einer positiven Weise verkörpert.

Fallbeispiel: Der Junge, der das Gedächtnis eines Alten hatte …

Im Folgenden möchte ich durch ein Fallbeispiel einen Einblick in die Praxis des Therapieverfahrens von Moro geben. Es handelt sich dabei um die Therapie eines Jungen, dessen Eltern aus einem westafrikanischen Land nach Frankreich migriert sind. In meiner Darstellung des Therapiebeginns stütze ich mich auf eine Veröffentlichung, in der Moro gemeinsam mit einer Psychiaterin, einer Psychologin und einem Dolmetscher den Beginn der Behandlung dieses Jungen beschreibt und analysiert (DePlaen et al. 1998). Anschließend werde ich mit einigen Bemerkungen den weiteren Verlauf der Therapie ergänzen, die ich während meines Praktikums hatte verfolgen können.

Vorgeschichte

Ende 1997 wurde der zehnjährige Issam D. (der Name ist hier geändert) wegen massiver Lernschwierigkeiten, die vor allem den Erwerb der Schriftsprache betrafen, an die transkulturelle Ambulanz verwiesen. Zwei Jahre zuvor war eine psychopädagogische Spezialbetreuung eingeleitet worden, die abgebrochen wurde, da sie erfolglos blieb. Ein psychologisches Gutachten ergab eine normale Intelligenz, wies aber auf Schwierigkeiten in der Identitätsfindung hin, die in den Zusammenhang mit kulturellen Faktoren gebracht wurden. Auf dieses Gutachten hin wurde eine Berücksichtigung des kulturellen Hintergrunds der Familie als sinnvoll erachtet, und eine therapeutische Arbeit in der transkulturellen Ambulanz eingeleitet.

Erste Sitzung

Nach einem ersten Evaluationsgespräch wurde mit der Familie beschlossen, dass eine Therapie im multikulturellen Therapeutenteam durchgeführt werden sollte. Dieses Team besteht aus einer leitenden Therapeutin, etwa zehn Co-TherapeutInnen und einer Dolmetscherin. Die Co-TherapeutInnen stammen aus ganz verschiedenen kulturellen Hintergründen, viele haben selbst Migrationserfahrungen. Zur Therapie kommt die gesamte Familie, wobei die PatientInnen selbst entscheiden, welche Personen dazugehören, manchmal kann auch ein Onkel oder eine andere Bezugsperson mit integriert werden, weil sie zum familiären Netzwerk gehört. Zudem können TherapeutInnen, SozialarbeiterInnen oder andere Personen, die langfristig mit der Familie arbeiten, in die Gruppentherapie integriert werden, wobei diese dann keine Therapeuten-, sondern eine Begleiterrolle einnehmen. Dies geschieht dann unter Absprache mit der Familie.

Zur ersten Gruppentherapie erschien Issam in Begleitung seines Vaters. Dieser erzählte im Verlaufe der Sitzung von den Umständen der Migration der Familie. Er selbst lebte seit den 1970er Jahren in Frankreich. Er war auf eigene Faust, gegen den Willen seines Vaters, nach Europa gegangen. Seine Ehefrau folgte ihm einige Jahre später, nach ihrer Hochzeit im Herkunftsland. Bei ihrer Ankunft war sie bereits schwanger mit Issam, ihrem ersten Kind. Die Umstände der Ankunft waren äußerst schwierig, über zwei Jahre lebte die Familie in einem Hotelzimmer ohne Heizung, sodass sie während der größten Kälte bei Freunden Unterschlupf suchen mussten. Herr D. erinnerte sich, wie er in dieser Zeit das Gefühl hatte, seine Familie nicht beschützen zu können.

Als Herr D. von der Migration gegen den Willen seines Vaters berichtete, fügte er hinzu, dass dieser vor wenigen Jahren verstorben sei. Issam, der bis dahin schweigsam und ohne sichtbare Regungen neben seinen Eltern saß, begann zu weinen, als das Gespräch auf den Tod seines Großvaters kam. Herr D. erzählte daraufhin, dass Issam seinem Großvater sehr nahe gestanden hatte. Im Alter von zwei Jahren war Issam mit seiner Mutter für ein Jahr zu den Großeltern väterlicherseits gegangen.

Aus dem Bericht von Herrn D. ergeben sich bereits die ersten Hinweise auf Issams besondere Rolle in der Familie. Als Erstgeborener steht er seinem Vater besonders nahe. Als Erstgeborener in der Migration ist er zudem für beide Eltern mit den Erinnerungen an diese Zeit verbunden. Als der Großvater ihn mit zwei Jahren anstelle seines verlorenen Sohnes zu sich holte, wurde Issam zu einer Art Ersatzsohn seines Großvaters. Es ist zu vermuten, dass für Herrn D. die Repräsentation seines Sohnes mit der Erinnerung an seine Migration und an den Bruch mit seinem eigenen Vater vermischt ist.

Vor dem Hintergrund dieser Zusammenhänge bringt ein Co-Therapeut eine mehrdeutige Intervention an, die sowohl auf der kulturellen Ebene als auch auf der individuellen/idiosynkratischen Ebene interpretiert werden kann: »Ich habe den Eindruck, dass das Gedächtnis von Issam schon derartig voll ist, dass er darin keine neuen Dinge aufnehmen kann.« Hier wird einerseits die psychologische Hypothese aufgestellt, dass Issams Gedächtnisstörungen dadurch bedingt sind, dass er derartig stark mit leidvollen Erinnerungen beschäftigt ist, dass ihm kein Platz für das Erlernen neuer Dinge bleibt. Gleichzeitig wird – auf der kulturellen Ebene – auf eine in Westafrika verbreitete kulturelle Repräsentation angespielt, nämlich auf die Möglichkeit, dass ein Ahne sich (in einigen Aspekten) in einem Kind wiederverkörpert (Lallemand 1978). Auf dieser Ebene spielt der Co-Therapeut also auf die Möglichkeit an, dass Issam ein Ahnenkind sein könnte.

In der Sitzung griff die leitende Therapeutin die Andeutung des Co-Therapeuten auf und machte sie expliziter: »Was denken Sie dazu? Hat Issam das Gedächtnis eines Alten?« Auf diese Frage hin begann Herr D. von der Ähnlichkeit zwischen Issam und seinem Großvater zu sprechen. Auch sein ernsthaftes Verhalten entspreche eher einem Alten als einem Kind.

Die Repräsentation des Ahnenkindes wurde hier zu einem sinnstiftenden Rahmen, der zur Konstruktion einer Geschichte verhalf, die Issams Schwierigkeiten und seine Ernsthaftigkeit zu einem sinnvollen Ganzen werden ließ. Die Frage, ob Issam nun ›wirklich‹ ein Ahnenkind sei oder nicht, ist für die Therapie dabei relativ unwichtig, entscheidend ist, dass die Repräsentation Herrn D. ermöglichte, einen Prozess der Sinnkonstruktion in die Wege zu leiten.

Mithilfe der Repräsentation des Ahnenkindes konnte Issams Schutzbedürftigkeit und Schwäche beschrieben und gerechtfertigt werden. Ein Ahnenkind wird im kulturellen Kontext Westafrikas als verletzlich angesehen; es muss respektvoll behandelt werden, sonst kann es krank werden und Probleme in die Familie tragen. Gleichzeitig vermittelte diese Vorstellung implizit die Notwendigkeit, sich mit ungeklärten Konflikten der vorausgehenden Generationen auseinanderzusetzen. Sie verhalf daher auch zu einer Aufarbeitung der Konflikte mit dem Großvater väterlicherseits. Zudem bot sie die Möglichkeit einer Inversion. Ein Ahnenkind wird auch als jemand gesehen, der mit besonderen Fähigkeiten begabt ist, der die Verbindung zu den vorherigen Generationen aufrechterhält und der der Familie Glück bringen kann.

Am Ende der ersten Sitzung schlug die leitende Therapeutin eine Fortsetzung der Arbeit vor, und es wurde darum gebeten, dass Frau D. zur nächsten Sitzung käme. Außerdem wurde mit Herrn D. die Möglichkeit diskutiert, dass er eine Opfergabe für den »verärgerten Ahnen« machen könne. Damit folgte die leitende Therapeutin der inneren Logik der kulturellen Repräsentation des Ahnenkindes: Wenn Issams Probleme mit einem verärgerten Ahnen zu tun hatten, so könnte ein Opfer diesen befrieden. Gleichzeitig wurde mit den Geschichten, über den »verärgerten Großvater« von Issam eine Basis für die Erarbeitung der Konflikte gelegt, die für Herrn D. in Bezug auf seinen eigenen Vater bestanden.

Zweite Sitzung

Zur zweiten Sitzung erschien Issam in Begleitung seiner Mutter. In dieser Sitzung wurde ausführlich über die Ankunft in Frankreich gesprochen. Dabei wurde vor allem ihre erste Schwangerschaft zum Thema, die sie allein in der Fremde und unter sehr belastenden Bedingungen erlebt hatte. Vor allem die

Abwesenheit der eigenen Mutter war für Frau D. sehr schmerzhaft gewesen. Frau D. selbst fehlten die Worte, um diese Phase zu beschreiben. Daher wurden diese Themen von den verschiedenen Co-TherapeutInnen in Form von Geschichten und Assoziationen eingebracht. So konnte Frau D. in der Sitzung ihre Trauer zulassen und sich mit der Unterstützung der Gruppe nochmals ihren Erinnerungen zuwenden. Zudem konnte nachträglich symbolisch eine Gruppe der »commères« rekonstituiert werden, die in traditionellen Zusammenhängen eine Frau in der Zeit von Schwangerschaft und Geburt begleiten (Moro 1994).

Auf der Grundlage dieses »holdings« (Winnicott), das hier von der Gruppe aufgebaut worden war, konnte Frau D. dann auch über ihre Ängste und über konfliktbeladene Themen sprechen: über ihre unsichere Situation in Frankreich, wo sie keinen offiziellen Aufenthaltsstatus hatte, über ihre Angst, den Platz als Frau und Mutter in der Familie zu verlieren; diese begleitete sie, seitdem ihr Mann während ihrer Abwesenheit eine zweite Frau geheiratet hatte. Sie hatte damals mit Issam für ein Jahr bei den Schwiegereltern in Westafrika gelebt. Frau D. war durch die Entfernung von der Großfamilie und durch ihre inoffizielle Position in Frankreich von wichtigen Ressourcen abgeschnitten, die ihr hätten helfen können, in die neue Ehe-Situation gestaltend einzugreifen.

Die weitere therapeutische Behandlung

Um den Eltern eine Aufarbeitung ihrer Erinnerungen an die Migration zu ermöglichen und um gleichzeitig einen Rahmen aufzubauen, in den die Anliegen der verschiedenen Familienmitglieder integriert werden können, wurde folgende Kombination von Therapiesitzungen vorgeschlagen:

1. Weiterführung der Gruppentherapie in zweimonatigen Abständen
2. Wöchentliche Einzeltherapie mit Issam
3. Arbeit an zweisprachigen Märchen mit Issam

Der Gebrauch zweisprachiger Märchen in der Psychotherapie von Migrantenkindern ist eine Technik, die noch in Entwicklung begriffen ist (siehe DePlaen et al. 1998). Die Familie wird zunächst darum gebeten, sich von der Großfamilie Märchen in ihrer Muttersprache zusenden zu lassen. Diese Märchen werden dann ins Französische übersetzt. Anschließend werden sie in beiden Sprachen vorgelesen, es wird dazu assoziiert, und Geschichten werden erfunden. Ziel dieser Arbeit ist, den Kindern zu helfen, Verbindungen zu schaffen: zwischen Zuhause und Schule, zwischen der Muttersprache und dem Französischen, zwischen Geschichten aus dem französischen Umfeld und Geschichten aus der Großfamilie im Heimatland der Eltern. Für diese Arbeit wurde Frau D. um eine Kassette mit Märchen aus der Großfamilie gebeten. Bereits die Bitte um diese Kassette führte zu einer Mobilisierung der Familie. Zunächst führte sie zu großer Verblüffung, dann beschloss der Vater, persönlich nach Afrika zu reisen, um eine Kassette von den Großeltern besprechen zu lassen.

Diese Reise nahm im Verlauf der Psychotherapie eine wichtige Rolle ein. Im Gegensatz zu den bisherigen Reisen im Rahmen der Migration, stand diese unter dem Zeichen der Verbindung. Issam nahm lebhaft Anteil daran. In seinen einzeltherapeutischen Sitzungen erzählte er, dass er bei der nächsten Reise dabei sein wolle. Gleichzeitig nahm er mit großer Freude an der Vorbereitung eines zweitägigen Klassenausflugs (»seiner Reise«) teil. Nach der Rückkehr erzählte er begeistert von »den Dingen der Zukunft«, die er dort gesehen hatte: die Klasse war in eine Art Technologiepark gefahren. Bildlich gesprochen könnte man sagen, dass die »Reise in die Vergangenheit«, die der Vater angetreten hatte, Issam den Mut gab seine eigene Entwicklung anzugehen und die »Reise in die Zukunft« anzutreten.

Als der Vater die Kassette zurückbrachte, waren darauf zwei Märchen von der Großmutter väterlicherseits und eine Ansprache der Großmutter mütterlicherseits, die Grüße übermittelte, Segenswünsche aussprach und schließlich Ratschläge an die beiden Ehefrauen für das harmonische Zusammenleben miteinander erteilte.

Über die Arbeit an den Märchen kam Issams innige Bindung an seine Großmutter väterlicherseits zutage. Erinnerungen an seine Zeit bei den Großeltern tauchten auf, langsam wurden die Brücken zwischen »hier und dort« stabiler.

In der Gruppentherapie wurden die Migrationsgeschichte und die familiären Konflikte, die sich darum ranken, weiter bearbeitet. Die Wiederbelebung des Austausches mit der Familie des Vaters in Mali und die Aufarbeitung der depressiven Erstarrung von Frau D. nahmen dabei viel Raum ein. Dadurch, dass Frau D. von der Gruppe getragen wurde, konnte sie nach und nach ihrem Sohn den nötigen emotionalen Rückhalt für seine weitere Entwicklung geben.

Issam nahm großen Anteil an dem Geschehen in der Gruppentherapie und griff die Themen dieser Sitzungen auf seine Weise in der Einzeltherapie auf: Er baute sie in seine selbsterfundenen Geschichten ein. Nach und nach kam hier ein Prozess in Gang, in dem sich Issam auf seine Eltern stützte, um sich dann die Dinge, die er von ihnen aufgriff, selbst anzueignen. In der Folge gelang es Issam immer besser, sich an Dinge zu erinnern, und allmählich begann er zu schreiben und zu lesen. Als ich Issam in der Gruppentherapie kennenlernte, arbeitete er nicht mehr an den Märchen seiner Familie, sondern er hatte begonnen, in der Therapie eigene Märchen zu erfinden. Manchmal brachte er diese Märchen in die Gruppentherapie mit, und es war beeindruckend, wie er seine eigenen Schwierigkeiten (beim Lernen, Sich-Durchsetzen, Um-Anerkennung-Ringen) in Geschichten ausdrücken konnte. In der Schule machte Issam erhebliche Fortschritte. Er fand Spaß daran, den anderen Kindern etwas über die Herkunft seiner Familie zu erzählen: So nahm er etwa aktiv an der Herstellung einer Landkarte von Afrika teil und teilte gleichzeitig mit den anderen Kindern die Interessen des französischen Alltags.

Inzwischen kann Issam ohne Schwierigkeiten Texte abschreiben und zunehmend besser lesen. Selbst zu schreiben fällt ihm jedoch noch schwer. Issam ist trotz aller Fortschritte weiterhin in einem großen Rückstand gegenüber seinen Klassenkameraden. Für das kommende Jahr stand daher die Frage an, ob er in ein Spezialinternat gehen, ein Schuljahr wiederholen oder aber eine Spezialgruppe in einer normalen Schule besuchen solle. In der großen Gruppe wurden die verschiedenen Möglichkeiten abgewogen. Sein Klassenlehrer und eine Schulpsychologin waren dabei ebenfalls anwesend. Schließlich fiel die Entscheidung auf die Spezialklasse, da Issam auf diese Weise bei seiner Familie bleiben kann: Ein weiterer Bruch schien angesichts der noch sehr gefährdeten Beziehung zu seiner Mutter unangebracht; er braucht so auch seine Altersgruppe nicht zu verlassen. Dies hatte Issam mit Nachdruck eingefordert.

Die kulturspezifische Vorstellung vom Ahnenkind wurde in der Zeit, in der ich Issam kennengelernt habe, nur manchmal implizit angedeutet. Issams besondere Rolle wurde in anderer Form thematisiert. So wurde etwa in einer Sitzung Issams Position als Erstgeborener aufgegriffen. Er hat vier jüngere Geschwister. Es wurde angesprochen, was es in der Familie in Mali bedeutet, Erstgeborener zu sein, was der Vater von Issam in dieser Rolle erwartete und wo aus der Sicht der Eltern die Grenzen der Autorität eines Erstgeborenen liegen. Es wurde deutlich, dass Issam die Raufereien in der Schule, in denen er seine Brüder zu verteidigen suchte, als Teil der Pflichten eines Erstgeborenen auffasste. Von den LehrerInnen hingegen waren diese Raufereien als aggressive Verhaltensstörungen gedeutet worden. In der Therapie wurde daran anknüpfend gemeinsam mit Issam, seiner Mutter und den SchulpsychologInnen diskutiert, wie Issam auf eine in Frankreich akzeptable Art seine Position des Erstgeborenen einnehmen kann. Dazu wurden ganz unterschiedliche Vorschläge gemacht. Es ging dabei nicht darum, für Issam eine Lösung zu finden, sondern darum, für ihn das Spektrum an Lösungsmöglichkeiten zu erweitern. An dieser Diskussion nahm auch Issams Mutter lebhaften Anteil. Es wurde deutlich, dass auch für sie die Frage ungeklärt war, ob ein Erstgeborener in Frankreich eine besondere Position einnehmen kann oder nicht.

Issams Nähe zu seinem Vater und die Notwendigkeit, eine Kontinuität zwischen den Generationen aufzubauen, stellten in der Therapie weiterhin wichtige Themen dar. Issams Psychologin berichtete, dass der Vater Issam eines Tages mit zu seiner Arbeit genommen hatte. Dort sagte er seinem Sohn, dass er in der Schule lernen solle. Er solle später nicht so wie er selbst gezwungen sein, eine Arbeit anzunehmen, die ihm nicht gefalle. Herr D. arbeitet in der Straßenreinigung von Paris. Issam kommentierte diese Episode mit der Bemerkung, dass ihm die Arbeit seines Vaters gefalle. Daraufhin wurde Issams Wunsch aufgegriffen, in die Fußstapfen seines Vaters zu treten. Die Gruppe erörterte, wie es möglich sein kann, seinem Vater zu folgen und gleichzeitig doch ein anderes Leben zu führen als dieser. Es sollte also für Issam eine Möglichkeit aufgezeigt werden, seine Bindung an seinen Vater zu erhalten, selbst wenn er einen anderen Lebensweg als dieser einschlüge. In diesem Zusammenhang wurde auch die unterschiedliche Lebensweise von Vater und Großvater aufgegriffen und die Tatsache hervorgehoben, dass Herr D. trotz Migration und neuem Lebensumfeld in der Folge seines Vaters steht. Damit wurde für Issam nicht nur die Bindung an die vorherige Generation bestärkt, sondern auch diejenige an die Großeltern und an die afrikanische Großfamilie.

Eine besondere Stellung nahm in der Therapie Issams Verhältnis zu seiner Muttersprache ein. Als Kleinkind hatte er begonnen, Soninké zu sprechen. Mit Eintritt in die Schule verlernte er diese Sprache wieder fast vollständig. Im Verlaufe seiner Therapie äußerte er den Wunsch mit seiner Mutter Soninké zu lernen. Issam sucht so den notwendigen Rückhalt nachzuholen, den er früher nicht hatte erleben können. Diese Annäherung wurde daher nicht als eine pathologische Regression angesehen, sondern als die Suche nach einer emotionalen Basis, die Issam braucht, um sich anschließend wieder von der Mutter lösen zu können. Issams Wunsch wurde daher von der Gruppe bestärkt. In einer der folgenden Sitzungen kam Issam in die Therapie, und seine Psychologin kündigte an, dass er eine Frage an den Dolmetscher habe. Sie hatten gemeinsam in der Einzeltherapie besprochen, dass Issam wissen möchte: »Wie macht man das, dass man mehrere Sprachen spricht?« Der Dolmetscher antwortete darauf zunächst aus seiner eigenen Erfahrung und erzählte, wie er die verschiedenen Sprachen gelernt hatte, die er beherrscht. In der Gruppe wurde dann die Frage neu formuliert, und es wurde erörtert, wie es möglich sein kann, dass mehrere Sprachen (und mehrere Denkweisen) »in einem Menschen wohnen können, ohne sich zu bekriegen«.

Die Therapie von Issam dauert weiter an, die bisherigen Erfolge lassen auf eine weitere positive Entwicklung hoffen. Gleichzeitig gibt es immer noch viele Dinge, die Issam Schwierigkeiten bereiten. Oft fällt es ihm schwer zu ertragen, dass er, trotz seiner enormen Anstrengungen, immer noch nicht das schulische Niveau seiner Kameraden erreichen konnte. Herr D. konnte leider aufgrund seiner Arbeitszeiten nicht mehr an den Gruppentherapiesitzungen teilnehmen. Ein wichtiger Aspekt der Therapie ist daher immer wieder, ihn durch Rückfragen und Botschaften in den therapeutischen Prozess mit einzubinden. Frau D. nimmt zunehmend aktiver an der Therapie teil und lässt immer mehr französische Sätze in ihre Erzählungen einfließen. Sie verfolgt mit Stolz Issams Fortschritte. Sagt man nicht, dass ein Kind so gut ist, wie das Tuch, in dem es getragen wurde?

Diskussion

Wie am Beispiel der Therapie von Issam und seiner Familie deutlich wurde, ist der transkulturelle Therapieansatz von Moro als ein vielschichtiger Austausch angelegt, in dessen Zentrum das Verbindungen-Schaffen zwischen unterschiedlichen kulturellen Symbolsystemen steht. Durch den Rückgriff auf die Muttersprache und durch die Integration nicht-westlicher kultureller Repräsentationen in das therapeutische Gespräch soll den PatientInnen geholfen werden, sich die Vergangenheit wiederanzueignen und Verbindungen zwischen Vergangenheit und Gegenwart zu erstellen. Oft hilft die Integration kulturspezifischer Vorstellungen in das therapeutische Gespräch auch, wichtige Ressourcen innerhalb der Großfamilie zu mobilisieren.

Die Interventionen der Co-TherapeutInnen werden häufig in Form von Bildern oder von Geschichten eingebracht. In den Geschichten, die sich oft auf den kulturellen Hintergrund der Co-TherapeutInnen beziehen, wird nicht auf die Kultur als ein Regelsystem Bezug genommen, sondern auf die *gelebte* Kultur. Diese schließt nicht allein Regeln ein, sondern auch die tausend Strategien, mit diesen Regeln umzugehen (oder gegen sie zu rebellieren). Die kulturelle Identität der PatientInnen wird so in einem Austauschprozess erkundet und rekonstruiert. Die Vielstimmigkeit des Therapeutenteams und die Integration von VertreterInnen aus der Schule oder aus anderen Institutionen hilft ganz unterschiedliche Blickwinkel auf die aktuellen Schwierigkeiten der PatientInnen zusammenzutragen. Dabei spielt auch die Position der PatientInnen im Aufnahmeland eine wichtige Rolle. Es wird gemeinsam nach Möglichkeiten gesucht sich einen akzeptablen Platz in der Gesellschaft des Aufnahmelands zu erkämpfen. Als Beispiel habe ich die Diskussion um Issams weitere Schullaufbahn erwähnt.

Die Übersetzung, das Wechseln und Verbindungen-Schaffen zwischen den Sprachen, den Orten und den Denkweisen kann als ein Kernstück des ethnopsychoanalytischen Ansatzes von Moro angesehen werden. Die kreative Aneignung kultureller Elemente unterschiedlichen Ursprungs, die sich dabei ergibt, bezeichnet Moro als »métissage«.

Literatur

Benslama, F. (1996): L'illusion ethnopsychiatrique. In: Le Monde vom 04.12.1996.

Collignon, R. (1978): Vingt ans de travaux à la clinique de psychiatrie de Fann-Dakar. Essai de bibliographie commentée. In: Psychopathologie africaine 15, 133–324.

Corin, E. (1997): Playing with limits: Tobie Nathan's Evolving Paradigm. In: transcultural psychiatry 34, 345–358.

D'Andrade, R.D. (1984): Cultural Meaning Systems. In: Shweder, R.A.; LeVine, R.A.: Culture Theorie. Essays on Mind, Self and Emotion (Cambridge University Press).

Devereux, G. (1973): Angst und Methode in den Verhaltenswissenschaften. München (Hanser).

Devereux, G. (1978): Ethnopsychoanalyse. Die komplementaristische Methode in den Wissenschaften vom Menschen. Frankfurt/M. (Suhrkamp).

DePlaen, S.; Moro, M.R.; Pinon-Rousseau, D. & Cissé, Ch. (1998): L'enfant qui avait une mémoire de vieux … Un dispositif de soins à recréer pour chaque enfant de migrants. In: prisme 8, 44–76.

Hall, S. (1997): Cultural Representations and Signifying Practices. London (Sage).
Lallemand, S. (1978): Le bébé ancêtre mossi. In: Systèmes de signes. Textes réunits en hommage à Germaine Dieterlen, Paris (Hermann) S. 307–368.
Moro, M.R. (1994): Parents en exil. Psychopathologie et migrations. Paris (PUF).
Moro, M.R. (1998): Psychiatrie transculturelle des enfants des migrants. Paris (Dunod).
Moro, M.R. (1999): Aufwachsen im Exil: Ethnopsychoanalyse mit Eltern und Kindern. In: Pedrina, F. et al. (Hg.): Kultur, Migration, Psychoanalyse. Tübingen (edition diskord), S. 149–188.
Moro, M.R.; Sturm, G. (2001): Frauen in der Migration. Zur transkulturellen Psychiatrie mit MigrantInnen. In: Hegemann, T.; Salman, R. (Hg.) (2001): Transkulturelle Psychiatrie. Bonn (Psychiatrie-Verlag), S. 255–263.
Nathan, T. (1986): La folie des autres. Traité d'ethnopsychiatrie clinique. Paris (Dunod).
Nathan, T. (1993): Fier de n'avoir ni pays, ni amis, quelle sottise c'était … Grenoble (La pensée sauvage).
Nathan, T. (1994): L'influence qui guérit. Paris (Odile Jacob).
Nathan, T. (1997): Spécifité de l'ethnopsychiatrie. In: Nouvelle Revue d'Ethnopsychiatrie 34, 7–24.
Sturm, G. (1999): Die ethnopsychiatrische Psychotherapie von Marie Rose Moro. Diplomarbeit, Universität Bremen.

Ambiguität, Angst und Fantasien im Kontakt mit Ausländern[1]

Isabel Bataller Bautista

Grundlage der Überlegungen, die ich Ihnen heute vorstellen möchte, sind Forschungsinterviews und Gruppendiskussionen, die zwischen deutschen Studenten und ausländischen Jugendlichen aus hauptsächlich islamischen Kulturen Ende der 1990er Jahre durchgeführt wurden. Sowohl die Interviews als auch die Gruppendiskussionen fanden mit Jugendlichen und jungen Erwachsenen statt, hauptsächlich Frauen, die zwischen 18 und 25 Jahre alt waren. Es interessierte uns, wie sie ihr Leben zwischen der Kultur der Eltern und der deutschen Kultur erleben. Auf der anderen Seite lenkte ich meine Aufmerksamkeit auf die bewussten und unbewussten Prozesse, die in der Interaktion zwischen den deutschen Interviewern und den ausländischen Jugendlichen stattfanden. Großes Interesse hatte ich an der Beobachtung der Mikroprozesse und daran, wie sich der Kontakt in den Gesprächen entwickeln würde. Der erste Kontakt zwischen dem deutschen Interviewer und den islamischen Jugendlichen stellte sich als so komplex heraus, dass ich bei dieser Arbeit versuche, sowohl theoretisch als auch empirisch die verschiedenen Aspekte und Momente des »ersten Kontakts« mit Fremden zu beleuchten. Ich lasse mir von Blegers Theorie über eine erste Phase der Ambiguität, Bions Containermodell und Anzieus Theorie eines »Haut-Ichs« helfen, um die verschiedenen Momente des Kontaktes besser verstehen zu können. Insbesondere werde ich mein Augenmerk auf die m.E. notwendig ambigue Erfahrung und deren Abwehrfunktion richten. Ich werde die Kontaktschwierigkeiten, wie ich sie verstanden habe, bei verschiedenen Fällen illustrieren und zum Schluss meine Thesen darstellen.

I. Konzeptualisierungen der Fremdenrepräsentanz und des Fremdheitserlebens

In den letzten Jahrzehnten hat das wissenschaftliche Interesse am Verständnis des Geschehens in der Interaktion mit Fremden zugenommen. Erdheim entwickelte Ende der 1980er Jahre ein Konzept über die Fremdenrepräsentanz. Er versteht diese als jene Repräsentanz, die in der ersten angstauslösenden Erfahrung mit der »Nicht-Mutter« ihren Anfang hat: »Fremd ist, was Nicht-Mutter ist« (Erdheim 1988, S. 238). Nach Erdheim durchläuft die Fremdenrepräsentanz »… im Verlauf der individuellen Entwicklung eine ganze Reihe von Metamorphosen« (a.a.O., S. 238). Er stützt sich auf René Spitz' (1957) Beschreibung der Acht-Monats-Angst und auf die Reaktionen von Angst, Neugierde und Interesse auf Fremde, die von Margaret Mahler (1975, S. 261) beschrieben wurden. Erdheim erinnert an das deutsche Wort »fremdeln«, das gerade diese spezifische kindliche Angst vor Fremden beschreibt. Die Fremdenrepräsentanz fängt also mit einer Negation an: »Nicht-Mutter«. Erfahrungen, die nicht in die Mutterrepräsentanz integriert werden, werden zunächst Inhalt der Fremdenrepräsentanz sein. Später werden sie zu einem Teil der Vaterrepräsentanz. Ähnliches geschieht in der Latenz und in der Adoleszenz. Die Fremdenrepräsentanz subsumiert alles, was noch nicht in ein altes oder neues Objekt integriert wurde. Nach Erdheims Konzept wird sich die Fremdenrepräsentanz in einer Zeit herausbilden, in der das Kind anfängt, nicht nur zwischen Mutter und Nicht-Mutter zu unterscheiden, sondern sich selbst im Unterschied zur Mutter zu verstehen. Versucht man Erdheims Konzept einer Fremdenrepräsentanz weiter zu verstehen, stellt man fest, dass die Nicht-Mutter auch das Kind selbst ist und nicht nur das Fremde. Wenn wir also alles, was Nicht-Mutter ist, zunächst in das »Fremde« projiziert sehen, müssen wir davon ausgehen, dass der Unterschied zwischen Selbst und Nicht-Selbst erst durch die Fremderfahrung und durch die Fremdenrepräsentanz möglich wird.

Andere Autoren sprechen weniger über Fremdenrepräsentanz und eher über Fremdheitserleben. So geht Bleger davon aus, dass es einen Ambiguitätskern aus undifferenzierten Affekten sowie Erfahrungen der Ungewissheit und Vieldeutigkeit gebe. Es sei ein Kern von primitiven Ich-Funktionen, aber ohne Zusammenhang, Differenzierung und Struktur. In diesem Stadium der Ambiguität stehen Gegensätze und unverträgliche Gefühle nicht in Konflikt zueinander. Während in der Ambivalenz gerade eine Trennung zwischen gegensätzlichen Wünschen und Gefühlen stattfindet, besteht in dieser Vorphase Toleranz gegenüber unverträglichen Gefühlen, aber diese können noch nicht strukturiert und geordnet werden. Es ist also eine Phase, die noch vor der Entstehung der paranoid-schizoiden und der depressiven Position der kleinianischen Theorie angenommen wird (siehe auch Bleger 1984, S. 76f.). Mit der Entwicklung der Fähigkeit innen von außen zu unterscheiden, findet ein Übergang von der frühen Ambiguität zu einer primären psychischen Ordnung statt, wo die verschiedenen psychischen Qualitäten verglichen werden (Nähe/Distanz, Präsenz/Abwesenheit, Traurigkeit/Freude etc.). Auch wenn eine erste psychische Ordnung und später zunehmend mehr Differenzierung stattfindet, sind diese frühen Erfahrungen von Ungewissheit und Vieldeutigkeit als unbewusste Erinnerungsspuren in uns vorhanden. Nach Bleger gibt es in dieser ersten Phase ein offenes System (auf Spanisch »sistema abierto«), in dem Ich und Nicht-Ich nicht scharf unterschieden werden. In dieser Phase ist keine Projektion notwendig, es gibt kein Konflikterleben, welches eine Projektion notwendig machen würde (siehe Bleger 1984, S. 188).

Bleger ist der Auffassung, dass es vor der Ich- und Objektidentität eine Identität der Funktionen und der Relationen zwischen Subjekt und Objekt gibt. So schreibt er: »La identidad está dada por una estructura basada fundamentalmente en funciones y relaciones y no en entidades que establecen dichas relaciones o funciones« (»Die Identität wird durch eine Struktur gegeben, die im wesentlichen durch Funktionen und Relationen und nicht durch Entitäten, die diese Relationen und Funktionen herstellen, gründet« (Bleger 1984, S. 184, Übersetzung I.B.).

Diese primären Erfahrungen, die nach Bleger die ersten Relationen und Funktionen herstellen und in der Beziehung zur Mutter erlebt werden, sind aber nicht nur individueller, sondern auch kultureller Natur. Meiner Auffassung nach werden im Kontakt mit einer fremden Kultur die primären Funktionen und Beziehungen zwischen uns und der Umwelt ins Wanken kommen. Primäre Erfahrungen mit Berührungen und körperlichen Kontakten, Geschmackserfahrungen, Temperaturen und zeitliche Konstanten werden sich in einer fremden Kultur ändern. So werden in einer fremden Kultur unser primärer Kern von Ambiguitätserfahrungen und unsere primäre Ordnung der Funktionen und Relationen intensiv berührt.

Cogoy wendet das Konzept von José Bleger auf den Kontakt mit dem Fremden an. In ihren Thesen findet man die Annahme, dass das Gefühl von Sicherheit und Zugehörigkeit gerade in einer fremden Kultur ins Wanken kommt. Ihre zweite Schlussfolgerung ist: »Der Fremde mobilisiert eine aus frühen Introjektionen stammende universelle Ambivalenz« (a.a.O., S. 344). Sie bestätigt den *ambivalenten* Charakter des Fremdelns wie Erdheim und schreibt, dass der Fremde in uns sowohl Angst als auch Neugier und Faszination weckt, also jene Eigenschaften, die typisch für die Phase des Fremdelns sind. Für sie kommt es im Umgang mit Fremden darauf an, wie im Verlauf der psychischen Entwicklung die »Spaltungsprozesse der paranoid-schizoiden Position aufgehoben und die nach außen verlagerten verpönten Anteile als eigene anerkannt und ins Ich integriert« werden (a.a.O., S. 344).

Ich würde die Aussage Cogoys etwas erweitern. Im Kontakt mit Fremden werden nicht nur die frühen, aus der Ambivalenz stammenden Introjektionen (a.a.O., S. 345) mobilisiert, vielmehr werden tiefere Ängste und Wünsche aus der frühen Phase der Ungewissheit und Ambiguität gerade in Momenten des Nicht-Wissens, Nicht-Einordnen-Könnens und Nicht-Verstehen-Könnens geweckt. Die Erfahrungen mit Fremden und in der Fremde werden häufig durch Wörter aus der Ambivalenzposition beschrieben, weil diese Ebene oft die Abwehrebene ist, die uns vor der Ambiguitätserfahrung mit dem Fremden und dem Nicht-Wissen schützt. Durch die Abwehr neuer Ambiguitätserfahrungen werden die vielfältigen unbewussten Verbindungen mit der Umwelt, die unbewusste Bindung an unsere Zugehörigkeitsgruppe, nicht infrage gestellt. Aus der Angst vor dieser Regression in die Ambiguität und Ungewissheit kann man sich in der »klaren«, unbeweglichen Ordnung der Ambivalenzphase retten. Diese Abwehr gibt uns eine schnelle, wenn auch »alte« Ordnung wieder. Ich meine, dass sehr häufig die ambivalente Erfahrung mit Fremden und in der Fremde die manifeste Ebene ist, auf der wir überhaupt unsere tiefere Beunruhigung ausdrücken und abzuwehren versuchen. Wenn es aber in der Entwicklung möglich war, ein inneres Chaos, eine Unordnung und ein Nicht-Wissen zuzulassen und später zu einer neuen Ordnung und einem neuem Verstehen zu kommen, wächst ein Gefühl der Hoffnung auf Sicherheit. Wenn es in der Erfahrung der Ungewissheit eine Hoffnung auf Wissen gibt, dann ist die Erfahrung von Ungewissheit und Chaos erträglich, und es wird möglich fest etablierte Positionen der Ambivalenzphase zum Teil zu revidieren und durch das Zulassen der Ambiguität zu neuen Prinzipien und zu einem neuen Verstehen zu kommen.

II. Die primäre Ordnung in der Kultur

In jeder Kultur finden wir die Einteilung in primäre binäre Oppositionen, in zweipolige Grundunterscheidungen wieder. Es sind immer wieder binäre Oppositionen, die uns eine erste Ordnung geben. Vera Saller stützt sich auf Bauman, wenn sie erinnert, dass die semantischen Felder, in denen die grundsätzlichen Ambiguitätserfahrungen auftauchen, von Kultur zu Kultur variieren. Es gibt jedoch einige Bereiche, in denen sie generell auftreten: Bauman nennt hier die Unterscheidung von Ich und Nicht-Ich, den Gegensatz von dieser Welt und der anderen Welt und schließlich die Unterscheidung vom Wir gegenüber den Anderen (Saller 1999, S. 130). Wichtig bei diesen binären Oppositionen ist nicht nur ihr kognitiver, sondern auch ihr emotionaler Wert. Saller beschäftigt sich also mit diesen frühen Ambiguitäten und der ersten emotionalen Ordnung durch primäre Polaritäten, die in jeder Kultur einen Ausdruck finden. Saller schreibt: »Dieses frühe ›Sich-Aufgehoben-Fühlen‹ wird in gewisser Weise auch erlebt bei der unhinterfragten Zugehörigkeit zu einer Gruppe, die die Muttersprache spricht, bei der bekannte Gerüche in die Nase steigen, die Lautkulissen und anderen vorsprachlich gespeicherten Umgebungskulissen stimmen« (a.a.O., S. 130f.). Sie vertritt die Auffassung »dass die Wahrnehmung der sozialen Gruppen, das Bedürfnis nach Zugehörigkeit und die Einteilung der Welt in ein Wir, das sich gegenüber den Andern absetzt, eine psychohygienische Konstante ist, die nicht ausschließlich als rassistisches Manöver zu brandmarken ist« (a.a.O., S. 133).

Auch Nathan geht diesen binären Oppositionen, Ich/Nicht-Ich, Träumen/Wachsein, irdisch/göttlich, nach. Besonders wichtig bei der Beschreibung der grundlegenden Oppositionen ist im Bezug auf Fremde die Opposition »Wir gegenüber Anderen«. Es geht also um die Wahrnehmung der eigenen sozialen Gruppe, die Zuordnung zu einem Wir. Gerade um den Umgang mit dieser Opposition zwischen »Wir/Nicht-Wir« geht es auch in meiner Arbeit. Denn in den Interviews und Gruppendiskussionen wird es nicht nur um das Fremde, sondern um diese erste Unterscheidung »Wir/Nicht-Wir« gehen und den bewussten und unbewussten Umgang damit.

So wie in dem Ausdruck »Nicht-Ich« ein »Du« nur als eine mögliche Entwicklung enthalten ist, ist in der Unterscheidung »Nicht-Wir« nur ein Nichtwissen über die, die nicht »Wir« sind, aber noch nicht ein »die Anderen«. Ich betone das, weil es ein wichtiger Unterschied ist, ob die »Anderen« eine Subjekthaftigkeit in unserem Bewusstsein erreichen oder ob sie nur aus der Negation der eigenen Subjekthaftigkeit (siehe Benjamin 1988, S. 39) definiert werden als »Nicht-Wir«.

III. Kurzer Exkurs

Die Konzepte des Behälters (Bion) und der gemeinsamen Haut (Anzieu)

Bion entwickelt ein dynamisches Modell über den seelischen Apparat auf der Basis der Erfahrungen der Nahrungsaufnahme. So wie in der Nahrungsaufnahme die Aufnahme, Verdauung und Ausscheidung die Grundprozesse sind, wird »die kommensale Beziehung« zur Basis der psychischen Entwicklung. Bion unterscheidet zwischen Behälter und Gehalt und bringt den Behälter unmittelbar mit dem unbewussten Prozess der Projektion in Verbindung: »... (ich) werde die Idee eines Behälters (container) abstrahieren, in den ein Objekt projiziert wird, sowie das Objekt, das in den Behälter projiziert werden kann; letzteres werde ich mit dem Ausdruck ›Gehalt‹ (contained) bezeichnen« (Bion 1962, S. 146). Später sah er vielmehr in der projektiven Identifikation die früheste Form der Kommunikation (Lüders 1996, S. 91). Der Behälter symbolisiert jene zunächst von der Mutter stammenden rezeptiven und verwandelnden psychischen Funktionen, die ein Wachstum ermöglichen (Bion 1962, S. 146). Bion sieht in der »kommensalen Beziehung« das Medium, in dem sich psychische Elemente (im Unterschied zu der paranoid-schizoiden Position) entwickeln. In einer kommensalen Beziehung von Gehalt und Behälter ist tolerierte Ungewissheit das Medium, wo ein Verstehen und eine psychische Entwicklung stattfinden kann (a.a.O., S. 149). Bion betont die Wichtigkeit der Fähigkeit der Mutter, etwas noch nicht Verstandenes aufzunehmen und einen leeren Raum zu tolerieren, wo das »Noch-nicht-Gewusste« gedacht werden kann (Lüders 1996, S. 95). Durch die Erfahrung mit der Mutter können die Sinneseindrücke und Emotionen so umgeformt werden, dass sie sich zu verarbeitbaren und benennbaren Gefühlszuständen entwickeln, die erst dann gedacht werden können (a.a.O., S. 87). Wenn aber der Container undurchdringlich ist, wird der »Containing-Prozess« verhindert, was zu der Zunahme von pathologischen Prozessen führt (z.B.: Spaltung, exzessive projektive Identifizierung). Von den drei Beziehungsformen, die er zwischen Container und Contained beschrieb, nämlich symbiotisch, kommensal und parasitär, ist die parasitäre eine maligne Form. Bei der malignen parasitären Form wird das Containment als zerstörerisch empfunden und »entweder zerstört der Container das aufgenommene Objekt oder umgekehrt, oder beide zerstören sich gegenseitig« (a.a.O., S. 96). In seinem Container-Contained-Modell sah Bion die Möglichkeit nicht nur psychische Prozesse, sondern auch sozial-kommunikative Vorgänge zu interpretieren (Lüders 1996, S. 86).

Anzieu wird sein Konzept des Haut-Ichs mit dem Begriff des »Behälters« von Bion (1962) vergleichen. Er geht davon aus, dass »[…] durch den Körperkontakt mit der Mutter und durch eine Sicherheit gewährende Beziehung zu ihr das Kind lernt, die Haut als Oberfläche wahrzunehmen. Dadurch kommt es nicht nur zu der Vorstellung einer Grenze zwischen Innen und Außen, sondern es erwirbt auch das notwendige Vertrauen zur allmählichen Beherrschung der (Körper-)Öffnungen« (Anzieu 1998, S. 58). Er geht davon aus, dass erst, wenn sich ein Grundgefühl der Integrität einer Körperhülle entwickelt hat, ein psychischer »Behälter« entstehen kann. Anzieu entwickelt Überlegungen M. Sami-Alis weiter, der davon ausging, dass sich durch den gegenseitigen Kontakt zwischen Mutter und Kind ein imaginärer Raum entwickelt, der sowohl auf einer sensorischen als auch auf einer »phantasmatischen« Projektion basiert. Auch bei Anzieu wird dieser doppelte Weg vertreten: die sensorische Erfahrung und die Bildung der Fantasie, eine gemeinsame Haut zu teilen. Der Autor zeigt durch die Interpretation von Mythen und durch klinische Beispiele, dass die Sinneswahrnehmungen im Unbewussten durch die Grundvorstellung einer fantasierten Haut miteinander verbunden werden (a.a.O., S. 74). Die Urform der Kommunikation mit der Mutter und überhaupt mit der Umwelt ist »ein Spiegel des Austauschs von Berührungen und Lauten. Kommunizieren heißt vor allem, in Resonanz treten, in Harmonie mit dem anderen schwingen« (a.a.O., S. 75). Anzieu zeigt, wie das partielle Aufgeben dieser Fantasie mithilfe des »Berührungsverbots« geschieht. Es ist ein Vorläufer und Vorbedingung des ödipalen Verbots.

Durch das Berührungsverbot festigt sich der Unterschied zwischen Ich und Es und zwischen Innen und Außen. »Das Berührungsverbot trennt den Bereich des Vertrauten [...] von dem des beunruhigenden und gefährlichen Fremden.« Die Dualität zeigt sich in einem »häng Dich nicht so sehr an die Eltern, trau dich, zu Fremden zu gehen« und gleichzeitig »sei vorsichtig vor Fremden« (a.a.O., S. 192). Nach Anzieu stellt sich so eine nach zwei Seiten wirkende Schranke her (er nennt sie »Kontaktschranke«): Die Berührung mit dem Körper der Mutter wird so wie der Kontakt mit Fremden eingegrenzt und gleichzeitig die Öffnung zu Fremden als Anderen erst ermöglicht.

Nach Anzieu wird das Kind die Fantasie eine »gemeinsame Haut« mit der Mutter zu besitzen, aufgeben oder auf andere Bereiche übertragen. Wenn sich die psychische Grundstruktur eines Haut-Ichs konsolidiert hat, wird das »Primat der taktilen Erfahrung« (a.a.O., S. 202) aufgegeben und »als intersensorischer Eintragungsraum konstituiert, als *sensorium commune* (der »Gemeinsinn« der empiristischen Philosophen)« (a.a.O., S. 202). Leider hat Anzieu diese Idee nicht weiter entwickelt. Er geht aber von einer Entwicklung aus, bei der das Aufgeben der taktilen Berührung und das partielle Aufgeben der Fantasie eine »gemeinsame Haut« zu haben, in ihr symbolisches Äquivalent, in echte und gehaltvolle Worte übergeht. Das Phantasma einer gemeinsamen Haut wird auf die Familie und Gruppen übertragen. Die Stimme z.B. eines Gruppenleiters wird wie eine umhüllende, unsichtbare Haut erfahren, die alle Teilnehmer verbindet.

Die Theorien von Bion, Bleger und Anzieu gründen auf verschiedenen Annahmen. Ich möchte sie gar nicht auf einen Nenner bringen oder vergleichen. Ich möchte nur darauf aufmerksam machen, dass alle drei Autoren von einer sehr frühen Phase ausgehen, in der eine »kommensale Beziehung« (Bion 1962), eine »synkretische, partizipative, offene Erfahrung« (Bleger 1984) oder ein »intersensorischer Eintragungsraum« (Anzieu 1985) die Basis und die Voraussetzung der psychischen Entwicklung sind. Auch alle drei Autoren gehen davon aus, dass diese primäre Form des Erlebens die erste kulturelle Basis bildet.

Bei der Interpretation der verschiedenen Beispiele werde ich von Behälter sprechen, weil dieser Terminus der am meisten bekannte und benutzte in der Literatur und Praxis ist, obwohl ich die Annahme Bions, über eine erste Projektion restriktiv finde. Ich werde wenig dogmatisch mit dem Terminus

Behälter umgehen und ihn auch als Symbol für die Fantasie eines tragenden Halts (»gemeinsame Haut« nach Anzieu) verstehen.

IV. Zum Forschungsprojekt

Es handelt sich insgesamt um 18 Interviewreihen. Jede Interviewreihe beinhaltete drei Sitzungen. Das ermöglichte, im Verlauf dieser drei Gespräche Interaktionsmuster und Entwicklungsprozesse zu beobachten. Die Studenten, die die qualitativen Interviews führten, hatten sich innerhalb eines Studienprojektes migrations- und kulturspezifischen Fragen gewidmet und sich über zwei Semester lang mit der psychoanalytischen Erkenntnismethode beschäftigt, bevor sie im dritten Semester die Forschungsinterviews durchführten.

Jedes einzelne Interview wurde in einer kleinen Gruppe (drei StudentInnen und ich)[2] oder nach Beendigung des Studienprojektes von mir in einer Forschungssupervision besprochen. Bei den Forschungssupervisionen ging es zum Teil um ein besseres Verstehen der Interviews, zum anderen darum, die Fantasien der Studenten deutlicher werden zu lassen und mit den Fantasien und Wahrnehmungen der Gruppe (oder später nur meinen eigenen) zu erweitern. Das half beim Erkennen der Gegenübertragung.

Circa einmal pro Interviewreihe wurde der Prozess zusätzlich von einer Ethnopsychoanalytikerin supervidiert[3]. Die Interviews wurden nachträglich protokolliert. Ferner wurden die Protokolle mit szenischen Informationen und Gegenübertragungsfantasien der Interviewer bereichert. Die Forschungssupervisionen wurden ebenfalls protokolliert, sodass für mich die nachträgliche Analyse möglich war. Wichtig bei den Protokollen war nicht nur, was inhaltlich gesagt wurde, sondern auch, welche emotionalen Bewegungen und Fantasien das Gesagte (oder das Agierte) bei den Interviewern bewirkte. Bei dieser Untersuchung ging es um das Verstehen der Wahrnehmung des Interviewers, der emotionalen Schwierigkeiten oder der Bedeutung der Fantasien. Dafür waren die Methode des szenischen Verstehens und das Aufschreiben nachträglicher Protokolle als Forschungsmethode gut geeignet.

Zusätzlich zu den Forschungsinterviews wurden später Gruppendiskussionen mit Jugendlichen (diesmal nur Frauen) aus deutschen und ausländischen Herkunftsfamilien durchgeführt. Das angewandte Verfahren der Gruppendiskussionen basierte auf der von Leithäuser und Volmerg entwickelten Methode

(Leithäuser/Volmerg 1977, 1979), die eine Auswertung auf der Grundlage der tiefenhermeneutischen Interpretation ermöglicht. Diese Methode gründet auf der Weiterentwicklung des Gruppendiskussionsverfahrens, das von Pollock (1975) und Mangold (1960) am Frankfurter Institut für Sozialforschung ausgearbeitet wurde, der »Themenzentrierten Interaktion« (TZI), wie sie innerhalb der Sozialforschung angewendet wird (Cohn 1976) und dem »szenischen Verstehen« (Lorenzer 1973). Die Gruppendiskussionen wurden auf Tonband aufgenommen und mithilfe des hermeneutischen Verfahrens interpretiert. Die Protokolle, in denen Informationen auf der Basis des szenischen Verstehens und die nachträglichen Gedanken und Fantasien des Gesprächsleiters festgehalten sind, werden mit dem Protokoll der Gruppensitzung zusammengefügt und als Text interpretiert. Ich werde bei der jetzigen Arbeit die Gruppendiskussionen nur am Rande einbeziehen.

Gegenstand der psychoanalytisch orientierten Sozialforschung ist der Knotenpunkt zwischen Individuierung und Vergesellschaftung: Wie sind sie miteinander verknüpft; wie geraten sie in Konflikte oder Widersprüche (s. Heinze 1995, S. 166–172)? Wie in der Praxis der freien Assoziation ist es bei der psychoanalytischen Sozialforschung wichtig, Freiraum und Flexibilität während der verschiedenen Forschungsphasen zuzulassen und nicht im Voraus oder vorschnell die Themen festzulegen. Die Selbstreflexion während des ganzen Prozesses und die kontinuierliche Überprüfung der Annahmen ist ebenso wichtig, wie die gleichschwebende Aufmerksamkeit des Forschenden zwischen den verschiedenen Bereichen: seine eigenen Reaktionen und Fantasien, der Forschungsgegenstand, die Inhalte der Gespräche, die Fantasien und die Prozesse in der Forschungsgruppe. Gleichwohl wird der Forscher Stütze in den theoretischen Kenntnissen suchen und diese in seine Überlegungen einbeziehen. Es gestaltet sich ein kontinuierlicher Prozess der Beteiligung und der Distanzierung, der erst mit der Aufarbeitung der Thesen endet.

Fallbeispiele

Auch wenn ich zunächst verschiedene theoretische Annahmen dargestellt habe und jetzt verschiedene Vignetten vorstellen und interpretieren werde, ist dieser Prozess keineswegs linear. Vielmehr findet eine Erkenntnisspirale statt, ein zirkulärer Prozess, bei dem Eindrücke aus Interviews, Fantasien der

Interviewer, Konflikte in der Forschungsgruppe, Gegenübertragungsfantasien, Reflexionsarbeit, Lektüre etc. zu bestimmten Annahmen und diese wiederum zu neuen Fragen führen, was ein neues Überprüfen des Forschungsmaterials notwendig macht und somit einen neuen Anfang in der Erkenntnissuche.

Was ich hier als nacheinanderfolgend darstellen will, bildet im Erkenntnisprozess und der Suche nach Verstehen einen hermeneutischen Zirkel. Ich werde in den Fällen zunächst Beispiele mit einer einfachen Inhaltsanalyse unter Einbeziehung der Gegenübertragungsgefühle der Interviewerin oder der Forschungsgruppe vorstellen und danach Fälle, wo einige Prozesse innerhalb der Interviewreihen oder der Supervisionssitzungen beschrieben und interpretiert werden.

Zuerst ein Beispiel, bei dem es um die Sehnsucht und Suche nach einer Umwelt geht, in der es weiterhin möglich ist, eine ungetrübte Verbindung zu finden.

1. Suzan und das »Niemandsland«

> Eine hier in Deutschland geborene Türkin – ich nenne sie Suzan[4] – erzählt, während die Protokollantin sich »ausgeschlossen fühlt«: »In der Türkei fühle sie sich auch als eine Ausländerin ... aber (dort) gebe es keine Ausländerfeindlichkeit, sie fühle sich sicher und geborgen ... sie empfinde Gefühle der Wärme, so, als ob man beispielsweise bei seiner Mutter sei. Dort spüre man, dass man geliebt und willkommen geheißen würde. Dies fehle ihr in Deutschland ...« Danach fantasiert sie ein »Niemandsland«, in dem jeder seine eigene Sprache und Kultur auslebe«.

Die Verbindung zwischen der Wärme ihrer Mutter und der Suche nach der gleichen Wärme in Deutschland ist offensichtlich. Hinderlich in dem Spüren dieser Sicherheit ist für sie die Ausländerfeindlichkeit, denn die gibt ihr das Gefühl »nicht geliebt und nicht willkommen geheißen (zu) sein«. Bei Suzan, die hier geboren wurde, war es niemals möglich die Gefühle der Wärme, die sie mit ihrer Mutter verbindet, nach außen zu externalisieren. Die Aufgabe, die Fantasie einer gemeinsamen Haut (Anzieu) auf die kulturelle Gruppe außerhalb der Familie zu verschieben, konnte nur auf das Herkunftsland der Eltern oder auf ein fantasiertes »Niemandsland« verschoben werden. So zeigt sich in der Fantasie eines »Niemandslandes« der Wunsch nach einer primären ungebrochenen Kontinuität. Die Ausländerfeindlichkeit ist für sie so kränkend, weil sie ihr das Gefühl der Kontinuität des symbiotischen Bandes unmöglich macht, und die Fantasie bestätigt, aus dem gemeinsamen Container ausgeschlossen zu sein (dazu die Gegenübertragungsgefühle der Protokollantin).

2. Jana »Bakteriengesicht« und der »Nazi-Junge« mit den weissen Schnürsenkeln

Im nächsten Beispiel erzählt Jana, eine 17-jährige Türkin, dass sie von einem Jungen aus der Nazi-Szene beleidigt wurde, sie verbessert sich: »Nicht beleidigt«, er hätte sie »Bakteriengesicht« genannt. Eineinhalb Jahre später, an einem Tag, an dem sie gute Laune hatte, hätte sie ihn auf seine weißen Schnürsenkel angesprochen. Sie würden nicht zu den Schuhen passen. Sie erzählte weiter, dass sie wolle, dass er aus der Nazi-Szene aussteige. Er komme aus der ehemaligen DDR, und sie meinte zu ihm: »Er bräuchte hier in Bremen keine Angst mehr zu haben, dass ihn andere Nazis verprügeln, hier kenne er nämlich keine. ...« Danach erzählte sie weiter, dass sie sich mit ihm treffen wolle und ihn deshalb gefragt hätte, ob sie ihn bei der Arbeit besuchen solle, aber er wolle lieber, dass sie heute um 8 Uhr zu ihm nach Hause komme. Die Freundinnen hätten gestaunt, ... aber sie würde ihn mögen und sie wolle, dass er aussteige. ... Außerdem hätte er Angst vor dem Prügeln, deshalb würde er sie nicht verletzen. Er sei einmal von fünf türkischen Jungen verprügelt worden, jetzt ziehe er deswegen manchmal Turnschuhe mit Peace-Zeichen an.« Als wir dieses Interview in der Forschungsgruppe besprachen, war uns an dieser Stelle sehr unwohl. Grundlage der Beunruhigung, die sich in der Gruppe ausbreitete, war die Fantasie, dass sie sich unnötig in ein unsicheres Terrain begab. Was würde passieren, wenn sie ihn doch in der Wohnung besuchte? In unserer Fantasie könnte dort »alles« passieren. Wir fantasierten Schläge bis hin zur Vergewaltigung. In unserer Gruppe war die Fantasie eine Grenze, die sie nicht übertreten durfte, um ihre Sicherheit nicht zu gefährden. Es kam der Wunsch auf nach einem langsamen Vorgehen. Jana selbst hatte den Wunsch ihn durch den Kontakt auf Distanz zu seiner Nazi-Ideologie zu bringen.

Auch bei diesem Beispiel scheint es mir große Bemühungen zu geben, um die Fantasie zu verwirklichen, sie würde sich doch in einer »sicheren« Welt befinden: »Wenn er keine Nazis kenne, gibt es keine Prügel«, sagte sie. Wenn sie »Nazis« kenne, müsse sie es schaffen, dass diese »aussteigen«. Im Kontrast dazu, aber unverbunden mit der vorherigen Fantasie steht die Aussage, dass der angebliche Nazi erst Peace-Zeichen trägt, seitdem er von fünf türkischen Jungen verprügelt wurde.

Nach der Analyse der verschiedenen Aspekte könnte man sagen, dass die Türkin und der »Nazi-Junge« sich gegenseitig als eine Gefahr für ihre jeweilige Umwelt empfinden. Der Unterschied besteht darin, dass der »Nazi-Junge« die Türkin als Gefahr empfindet, die Türkin die reale Gefahr mit dem »Nazi-Jungen« aber zu leugnen versucht, indem sie in die Welt der Ambiguität regrediert, in der man verschiedene Gedanken und Wünsche gleichzeitig, aber unintegriert nebeneinander stehen lassen kann (erst durch Prügel trägt der Nazi die Peace-Zeichen, zu ihr hat er »Bakteriengesicht« gesagt, sie mag ihn, sie möchte, dass er »aussteigt«).

Sie versucht, die Wahrnehmung der Sicherheit ihrer Umwelt durch Verleugnung und Regression in die Ambiguität immer noch zu wahren und hält an der im Grunde naiven Überzeugung fest, »er würde aussteigen«. So wäre sie keine »Bakterie« für die anderen und es gebe für sie nicht die Gefahr verprügelt zu werden. In der Beschimpfung »Bakterie« steckt im Grunde die Annahme, sie sei etwas, das einen gesamten Organismus schädigen könne, sie könne ein Inhalt sein der für den Behälter gefährlich und schädigend sei. Bei der vorgestellten Gefahr, von möglichen Neo-Nazis verprügelt zu werden, geht es um das Gegenteil, sie befindet sich innerhalb einer Umwelt, die sie schädigen bzw. zerstören kann.

Jana versucht den Jungen mit drei Methoden zu verunsichern: Einmal sagt sie zu ihm, er hätte als DDR-Junge hier keine Verbindung zu anderen Nazi-Kreisen. Meiner Meinung nach sagt sie zu ihm: Du bist wie ich, du hast auch eine gebrochene Verbindung zu deiner kulturellen Gruppe (was man auch als Projektion ihrer eigenen sozialen Isolation sehen kann). Sie sagt ihm noch, dass seine weißen Schnürsenkel nicht zu den Schuhen passen. Vielleicht wollte sie ihm damit sagen, dass er nicht die richtigen kulturellen Symbole findet, um seine Männlichkeit auszudrücken. Sie lacht ihn erneut aus, als sie sagt, er würde jetzt »Peace«-Symbole an den Schuhen tragen (seitdem die türkischen Jungen ihn geschlagen haben). Ich glaube, dass es bei Jana und dem Jungen eine verzweifelte Suche nach der richtigen Bedeutung der Symbole gibt. Eine Suche nach Symbolen, die sie als Person in einen kulturellen Rahmen integrieren. Beide, der »Nazi-Junge« mit seiner aggressiven Ideologie und Jana, die die Hilfe von den fünf schlagenden Jungen braucht, nehmen den Weg des aggressiven Zwanges, um gemeinsame Symbole teilen zu können (Peace-Zeichen). Die Gewalt könnte an dieser Stelle einerseits ein Ersatz sein für den nicht erlebten und geteilten Kontakt, und andererseits an die Stelle einer väterlichen Ordnung treten, an die Stelle integrierender Symbole, Ideale und Werte.[5] Indem bestimmte Symbole erzwungen werden, wird gerade der Mangel an einer väterlichen integrierenden Ordnung zu beseitigen versucht.

3. Jim und Ali: »Kontakt nur aus islamischem Sendungsbewusstsein?«

Ich werde die Prozesse der Interviewreihe zwischen einem Studenten, Jim, und dem jungen Marokkaner Ali beschreiben. Bei dieser Reihe war es m. E. möglich, die verschiedenen Schwierigkeiten sowohl am Anfang des Kontaktes wie auch beim Zulassen einer »anderen« Erfahrung zu integrieren.

> Das erste Gespräch verläuft sehr quälend, beide kommen schwer in Kontakt, es gibt keine Emotionalität, es ist unbehaglich, es herrscht Druck und gibt viele kalte Schweigeminuten. Nach diesem ersten Mal fantasierte Jim die »Verflachung des Interviews. Er würde mit soldatischer Korrektheit aber ohne innere Beteiligung antworten«. Jim hatte den Eindruck, er wäre »unerreichbar« und das »Hauptanliegen des Interviews schien ihm im Eintreten für seinen Glauben zu liegen« und er schreibt: »Ich vermute sein persönliches Anliegen ist im islamischen Sendungsbewusstsein versteckt.«

Beide sehen sich bei diesem ersten Interview als Zugehörige zweier sozialer und kultureller Gruppen. Die Nähe, der Kontakt wird m. E. mit der Gefahr des Verlusts der eigenen kulturellen Zugehörigkeit verbunden. Ich glaube, die Fantasien des Interviewers sind nicht nur eigene Ängste, sondern auch Gegenübertragungsfantasien. Sehr wahrscheinlich hat auch der junge Marokkaner die Fantasie gehabt, Jim würde ihn in einen»modernen Deutschen« ändern wollen. Ich glaube, dass es im Grunde nicht so wichtig ist, in welche

Richtung wir gehen wollen, die Fantasie ist, dass eines der kulturellen Systeme (»Behälter«) und eine kulturelle Symbolik sich auflösen müsste.

> Im zweiten Gespräch kommen sie weiterhin nicht in Kontakt. Ali wirkt gequält und unruhig, Jim merkt zum Schluss, dass sie nicht ins Gespräch kommen. Ali wünscht sich »Unterhaltung« und das gibt Jim ihm nicht, aus der Angst heraus, es würde den Forschungsrahmen verletzen. Erst als sie das eigentliche Interview beendet hatten, findet zwischen den beiden ein Kontakt statt, in dem beide über ihre Zukunftspläne reden. Beide wollen selbständig sein und dabei finden sie etwas Gemeinsames. Jim freut sich darüber, hat aber gleichzeitig Schuldgefühle, weil er außerhalb des zweiten Forschungsinterviews über sich selbst gesprochen hatte. Er hatte Zweifel, ob das »analytisch« sei.
>
> Nach diesem zweiten Gespräch hat Jim noch andere Assoziationen, Ali erscheint ihm »isoliert und wie abgeschnitten von der Außenwelt«. Er hat den Eindruck bekommen, als ob die Jugendlichen von »außen bedroht wären«. Er vermutet jetzt eine ganz andere Motivation hinter der Bereitschaft des jungen Moslems, die Forschungsinterviews durchzuführen: »Ich glaube seine Motivation stand mit dem Wunsch nach einem Gespräch, nach Kontakt, Austausch und Annäherung in Zusammenhang.«

Erst hier gibt es einen Wendepunkt, ein persönlicher Kontakt zwischen den beiden findet statt. Es wird nicht mehr angenommen, dass der Interviewer seine Religion und Kultur ändern soll, sondern der Interviewte auf der Suche nach »einem Gespräch, nach Kontakt, Austausch und Annäherung« ist. Er ist nicht mehr jemand, der ihm seinen kulturellen »Behälter« aufzwingen will, sondern jemand, der Kontakt sucht. Die Angst wird überwunden, aber der Kontakt entsteht außerhalb des Forschungssettings und wird von Schuldgefühlen gegenüber »unserer analytischen Forschungskultur« begleitet. Jim fantasiert zwar eine Umwelt für sie beide, aber diese empfindet er für Ali als unsicher, und es gibt Unsicherheiten, ob diese Umwelt nicht eine Bedrohung für Ali ist (also ob der Container ihn bedrohen könnte) oder ihn gar nicht aufnehmen könnte (»isoliert und wie abgeschnitten«).

Bei der Supervision fand der Interviewer nicht die Kritik, die er fantasiert hatte. Die Verletzung des Forschungsrahmens, der Kontakt, der außerhalb des Settings stattfand, konnte in der Supervision als ein Zwischen-Ort verstanden werden, an dem sie sich zwischen ihren jeweiligen Kulturen austauschen konnten. Die triangulierende Funktion des Rahmens musste anscheinend gebrochen werden, damit in einer Situation von größerer Ambiguität überhaupt erst ein Kontakt stattfinden konnte. Trotz der Verletzung des Rahmens fand Jim in der Supervision erneut Halt und Sicherheit und konnte so an die nächste Phase des Kontaktes gehen.

> Im dritten Interview lässt Ali Jim sitzen. Jim erfuhr von dem Betreuer, dass Ramadanzeit war und Ali wahrscheinlich zu Hause sei. Der Termin lag genau zur Abendbrotzeit. Einige Tage später suchte Jim Ali auf und das Interview fand statt. Erst im dritten Gespräch entsteht ein lockerer Kontakt zwischen den beiden, davor aber musste Jim »die Kröte schlucken«, sitzen gelassen zu werden. Es gibt nicht mehr so viel »kaltes« Schweigen und Ali kommt ins Erzählen. Er erzählt verschiedene Ereignisse aus seinem Leben, aber in der Geschichte mit den Russen drückt sich die höchste symbolische Bedeutung aus: Bis vor einem Jahr seien die Russen auch ins Jugendheim gekommen. Sie hätten oft trotz Verbots getrunken und »Flachmänner« als Deckung gehabt. Auf der Suche nach seinen Freunden hatte ein Junge aus Alis Clique die Tür zu dem Raum geöffnet, wo sich die Russen befanden. Die hätten ihn sofort angeschrien und beleidigt, ein Russe hätte sogar etwas nach ihm geworfen. Der Junge schrie zurück und drohte einem Russen Schläge an. Hilfe kam und die Russen trauten sich nicht ihn in dieser Situation zu verprügeln. Aber ein paar Tage später, als Fußball gespielt wurde, tauchten 50 Russen mit Messern und Schlagstöcken bewaffnet auf. Die Polizei kam, die Zeitung berichtete später davon. Ali erzählt Jim weiter, wie die Russen sich »zu breitmachten ..., sie ließen sich gehen und tränken zuviel. Er möge sie nicht ... aber die Schwarzhaarigen in seiner Siedlung seien in der Überzahl, (deshalb) hätten die Russen nichts zu sagen ... Die Russen wären neu dazugekommen und hätten gleich alles so behandelt, als wenn es ihr Eigentum sei ..., sie wären zu »großspurig«.

Bei dieser Interviewreihe und dank der freien und vertraulichen Mitteilungen des Interviewers und des jungen Marokkaners kann man ziemlich gut beobachten, wie Jim zunächst keinerlei Möglichkeiten sieht Ali wirklich zu verstehen. Sowohl Jim als auch Ali teilen die Meinung bezüglich der Russen, es gebe etwas – »das dogmatische islamische Denken« oder »das Trinken« –, das beide

Seiten nicht aufnehmen und integrieren können, das sie selbst zerstören kann. Es gebe dabei eine Gefahr, wenn es sich »breitmacht« und »großspurig« wird. Man könne nicht einfach ungebeten die Tür aufmachen, also in eine fremde Gruppe eintreten, dann gebe es nur Schläge, man könne nur die Gebiete der Gruppen trennen. Dabei aber haben Jim und Ali eigentlich einen Kontakt gesucht und gefunden. Dazu musste Jim aber seine Assoziationen zur kulturellen Bedrohung und seine Ängste überwinden, er könne den Forschungsrahmen »verletzen«, wenn er Ali »Unterhaltung« gebe. Zunächst vorsichtig außerhalb des Rahmens, später während des dritten Gespräches bewegte er sich an der Grenze zwischen den Erwartungen von Ali und dem Forschungsrahmen, mit der Angst beide verletzen oder verlieren zu können.

Der erste echte Kontakt zwischen den beiden findet außerhalb des Forschungsrahmens in einer ziemlich ambiguen Situation statt. Dieser Aspekt ist wichtig, weil er nicht nur bei diesem Interview, sondern auch in anderen Interviews oder Gruppengesprächen geäußert wurde: Die Annäherung an die kulturell Anderen ging mit der Angst einer Verletzung der eigenen Forschungsparameter einher, die, wie ich glaube, dabei die »Parameter« der eigenen Kultur symbolisierten. Die Ängste bewegen sich konträr: Wenn der Kontakt überhaupt nicht zugelassen wird, steigen die Ängste, keinen Behälter bzw. Container bilden zu können und keine Symbole, kein Verstehen, keine integrierende Bedeutung zu finden. Das aber führt zu der Angst, von außen bedroht werden zu können. Wenn Kontakt aufgenommen wird, dem Marokkaner »Unterhaltung« angeboten wird, wächst die Angst, das fantasierte Band zur eigenen Gruppe zerstört zu haben und somit das kulturelle Erbe der Mutter und/oder das kulturelle Erbe des Vaters verlieren zu können, und es wird wieder Distanz eingenommen. Dann tritt erneut die Angst davor auf keinen sicheren Container zu bilden, und der Kreis fängt wieder an, bei dem ständig Bewegungen der Annäherung und der Distanzierung stattfinden, solange die Ängste ausgehalten werden.

V. Thesen

Auch wenn die Brücke zwischen den Theorien, dem Forschungsmaterial und den eigenen Thesen immer schwierig ist und Annäherung bleibt, möchte ich folgende Thesen zur Diskussion stellen:

1. Im Kontakt mit Menschen aus anderen Kulturen und Kulturkreisen werden alle in uns internalisierten Entwicklungsphasen bis zu der ersten Phase der Ambiguität (Bleger) berührt. Die persönliche und gleichzeitig kulturelle Erfahrung dringt in die primäre psychische und kulturelle Ordnung ein. Das wird mit einem starken Gefühl von Unsicherheit und Erschütterung erlebt, auch mit der Angst vor einem »Aufgeben« der eigenen Individualität.

2. Das Zulassen des Kontakts, das Kennenlernen anderer Erlebens- und Verstehensmodi reicht nicht aus, um diese Erfahrung als eine verbindende Erfahrung aufzufassen. Neben dem Erleben des Gefühls einer echten Partizipation ist gleichfalls die Bildung einer symbolischen Verbindung (der verbindenden Fantasie einer umhüllenden symbolischen »Haut«) notwendig, die beide Menschen bzw. Gruppen umfasst. Der Mangel dieser symbolischen Ebene stößt das Erleben wieder ab und macht es bedeutungslos; es ist wie nach der Rückkehr von einer kurzen Urlaubsreise, nach der alles nur als exotische Erinnerung zurückbleibt. Das ist besonders wichtig bei den ausländischen Jugendlichen aus der zweiten Migrantengeneration. Ihnen mangelt es nicht an einem Kennenlernen und einer Erfahrung der Kultur, sondern an der Entstehung von verbindenden Fantasien, die diesen Kontakt erst bedeutungsvoll machen würden.

3. Im Kontakt mit Fremden gibt es einen kritischen Moment, in dem das Zulassen der Nähe, besonders einer intensiv gefühlten Nähe mit dem Fremden, im Unbewussten als Übertretung einer internalisierten Grenze (»Berührungsverbot« [Anzieu]) erlebt werden kann. An diesem Punkt findet eine Erschütterung statt, weil (die doppelte Grenzziehung des Berührungsverbots und der unbewussten Etablierung der Kontaktschranke) der Schutz vor dem Fremden gleichzeitig der Schutz vor der Verschmelzung mit der frühen Mutter und vor der Selbstauflösung bedeutet.

4. Eine Möglichkeit, die regressiven Momente und Ängste in der Begegnung zwischen Menschen aus verschiedenen Kulturkreisen zu verstehen, ist, sie in der Relation zwischen Behälter und Gehalt zu analysieren und die verschiedenen Positionen, die sich daraus ergeben, zu betrachten.

5. Der Kontakt bewegt sich unbewusst zwischen zwei Polen. Jeder dieser Pole ist charakterisiert durch eine unbewusste Fantasie, die jeweils verschiedene Ängste weckt:

- Ein Pol wird von dem Wunsch geprägt, eine gemeinsame Umwelt/Container (Bion)/»Haut« (Anzieu) zu haben oder zu suchen; die damit korrespondierenden Ängste haben mit der Verletzung oder Schädigung durch einen bestimmten »kulturellen Inhalt« dieser Umwelt/Behälter/ »gemeinsamen Haut« zu tun. Auf einem ödipalen Niveau bedeutet es die Bewahrung des väterlichen Gesetzes und somit die Verbindung mit seinem kulturellen Erbe.

- Der andere Pol wird von dem Wunsch geprägt, die erfahrenen Grenzen in der primären Beziehung zur Mutter und zum ödipalen verbietenden Vater zu überwinden, zu durchbrechen. Es geht um eine Faszination durch das, was die erfahrenen kulturellen Tabus und kulturellen Grenzen durchbricht und weiterführen kann. Das bedeutet aber die Berührung mit zwei Kontaktschranken: die eine ist die Schranke der primären mütterlichen Ordnung, die zweite die der kulturellen Ordnung des Vaters, vor allem das ödipale Tabu.

VI. Zusammenfassung

Ich habe versucht, sowohl theoretisch als auch in den verschiedenen Beispielen zu zeigen, wie jeder von uns eine primäre Erfahrung der Ungetrenntheit erlebt, in der verschiedene Wünsche, Erlebnisse, Eindrücke ungeordnet nebeneinander stehen und dass diese frühe Erlebensebene uns nicht nur psychisch, sondern gleichzeitig kulturell prägt. Das Gefühl der Kontinuität zwischen Ich und Nicht-Ich, der Partizipation mit der Umwelt bildet von Anfang an unsere kulturelle Basis und unsere kulturellen Erwartungen. Jugendliche aus der zweiten Generation, die immer noch »Ausländer« sind, erleben einen Schmerz, weil sie einen Bruch der sonst zunächst fantasierten »Kontinuität« erfahren. Die psychische Aufgabe jedes Heranwachsenden, die Fantasie aufzugeben, eine »gemeinsame kulturelle Haut« (Anzieu) mit den Anderen zu teilen, kann schwer stattfinden. Sie suchen noch diese Kontinuität, was häufig zur Idealisierung der Herkunftskultur der Eltern oder zu Fundamentalismus führt. Das Wissen, hier geboren zu sein, aber die frühe Verbundenheit mit der Mutter, mit der Umwelt nicht mit Deutschland verbinden zu können, widerspricht, wie ich oben gezeigt habe, einem frühen psychischen Bedürfnis der Menschen. Wenn diese Zugehörigkeit verweigert wird, kann sie sich in ein tiefes Ressentiment statt in Partizipation und Kreativität verwandeln.

Meine Betonung der Wichtigkeit der frühen Verbindung mit der Umwelt und ihrer Erlebensform, der Ambiguität, bedeutet nicht, dass ich nur versuche die Schwierigkeiten des Kontaktes zwischen Menschen aus verschiedenen Kulturen »tiefer« zu legen. Mein Anliegen ist zu zeigen, wie wichtig auch diese Ebene ist, um die Erschütterung zu verstehen, in der wir uns in interkulturellen Erfahrungen befinden können. Gleichzeitig kann gerade das Festhalten des interkulturellen Kontaktes auf der Ebene der Ambiguität nicht nur Erschütterung und Angst, sondern auch Erleichterung bewirken, wenn z.B. dadurch Konflikte gar nicht erst wahrgenommen oder integriert werden. Es geht weniger darum, die interkulturellen Schwierigkeiten von einem ödipalen oder einem ambivalenten zu einem ambiguen Niveau wechseln zu lassen. Vielmehr geht es mir darum zu betonen, welche Schwierigkeiten in dem Übergang von einem Erleben zu einem anderen stattfinden. Gerade den dynamischen Prozess zu verstehen ist das Schwierigste: von der Erschütterung zu einem Erleben zu kommen, vom Erleben zum Verstehen und zur Integration zu gelangen, auch wenn frühe und reifere Identifikationen infrage gestellt werden. Hält man sich an kulturellen Stereotypen fest, behält man noch alles ziemlich unter Kontrolle aber auf Kosten der Veränderbarkeit und der Kontaktfähigkeit. Hält man sich auf der Ebene der Ambiguität, kann man konträre Erlebensweisen nebeneinander stehen lassen, ohne Widersprüchlichkeit oder Konflikt zu erleben, aber auch ohne sie verbinden oder verstehen zu können.

Man kann nicht im Voraus bestimmen, ob eine Bewegung in der Ambiguität den Kontakt gerade vertieft oder dies vielmehr eine Abwehrbewegung bedeutet. Oft ist es sogar beides. Ähnliches könnte man über jede der anderen psychischen Ebenen (ödipal, ambivalent) sagen. Das tiefere Verstehen, die Widersprüche, die Integration der Erfahrungen in einem Kontakt mit Menschen aus anderen Kulturen kann man nur erreichen, indem alle diese psychischen Ebenen berührt werden und man versucht, sie zu integrieren, auch wenn Letzteres unvollkommen bleibt.

Literatur

Anzieu, D. (1998): Das Haut-Ich. Frankfurt/M. (Paris 1985) (Suhrkamp).
Benjamin, J. (1996): Die Fesseln der Liebe. Frankfurt/M. (New York 1988) (Fischer).
Bion, W.R. (1992): Lernen durch Erfahrung. Frankfurt/M. (London 1962) (Suhrkamp).
Bleger, J. (1984): Simbiosis y ambigüedad. Buenos Aires (Paidós).
Cogoy, R. (2001): Fremdheit und interkulturelle Kommunikation. In: Psyche 55, 339–357.

Cohn, R. (1976): Von der Psychoanalyse zur themenzentrierten Interaktion. Stuttgart (Klett).

Erdheim, M. (1988): Psychoanalyse und Unbewußtheit in der Kultur. Frankfurt/M. (Suhrkamp).

Erdheim, M. (1990): Die gesellschaftliche Produktion von Unbewußtheit. Frankfurt/M. (Suhrkamp).

Erdheim, M. (1992): Fremdeln. In: Kursbuch 107.

Heinze, T. (1995): Qualitative Sozialforschung. Opladen. (Westdeutscher Verlag).

Leithäuser, Th.; Vollmerg, B. (1977): Entwurf zu einer Empirie des Alltagsbewußtseins. Frankfurt/M. (Suhrkamp).

Leithäuser, Th.; Vollmerg, B. (1979): Anleitung zur empirischen Hermeneutik. Frankfurt/M. (Suhrkamp).

Lorenzer, A. (1973): Sprachzerstörung und Rekonstruktion. Frankfurt/M. (Suhrkamp).

Lüders, K. (1996): Bions Container-Contained-Modell. In: Kennel R.; Reerink G. (Hg.): Klein Bion: Eine Einführung. Tübingen (edition diskord).

Mahler, M.; Pine, F. & Bergman, A. (1975): Die psychische Geburt des Menschen. Frankfurt/M. (Fischer).

Nathan, T. (1999): Zum Begriff des sozialen Netzes in der Analyse therapeutischer Dispositive. In: Pedrina, F. (Hg.): Kultur, Migration, Psychoanalyse. Tübingen (edition diskord).

Saller, V. (1999): Die Bedeutung des Kulturbegriffs für psychoanalytische Therapien. In: Pedrina, F. (Hg.): Kultur, Migration, Psychoanalyse. Tübingen (edition diskord).

Anmerkungen

1 Ich danke Herrn Heiner Metzner für die Hilfe bei der Korrektur des deutschen Textes.

2 Ich werde die Gruppe der drei Studentinnen mit mir ab jetzt Forschungsgruppe nennen.

3 Ich danke hier der engagierten Arbeit von Frau Maya Nadig, die uns mit ihrer Sicht Orientierung und tieferes Verständnis ermöglichte.

4 Alle Namen der Interviewten und InterviewerInnen sind verändert worden.

5 Ich danke Herrn Rolf Warsitz für diesen Gedanken.

Zur Spezifität des ödipalen Konflikts der Muslime im Vorderen Orient am Beispiel Irans

Mohammad E. Ardjomandi

Der Gründer der Psychoanalyse Sigmund Freud hielt den ödipalen Konflikt für den zentralen Konflikt der Menschen und für Dreh- und Angelpunkt ihrer seelischen Entwicklung. Ausgehend von der griechischen Sage des von den Eltern ausgesetzten Königssohnes Ödipus, ging er davon aus, dass die seelische Entwicklung des Jungen damit einhergehe, dass er in der ödipalen Phase, etwa zwischen drei und fünf Jahren, die Mutter begehre und deshalb zu dem Vater in Rivalität trete, ihm feindselig gesinnt sei und ihn beseitigen möchte, damit er seine Inzestfantasien verwirklichen und der Mutter ungehindert beiwohnen könne. In der griechischen Sage hatte einst sein Vater Laios einen Traum gehabt, der vom Orakel dahingehend gedeutet wurde, dass der Sohn ihn töten, sein Königreich übernehmen, die Mutter Jokaste heiraten und mit ihr Kinder zeugen würde. Deshalb wird er, ein durch die Durchbohrung seiner Fersen gezeichneter Säugling ausgesetzt, damit das Unheil nicht eintrete. Das weitere Schicksal Ödipus', seiner Eltern und der inzestuös gezeugten Kinder ist bekannt. Trotz der Aussetzung des Neugeborenen kann das unheilsame Schicksal nicht abgewendet werden, da es sich um eine Wiederkehr des Verdrängten handelt. Hätten doch – so Freud – einst in Urzeiten die Söhne den Urstammvater getötet, ihn verzehrt, sich an seine Stelle gesetzt, seine Frauen in Besitz genommen und ihre Untat vorerst verdrängt. Nach der unabwendbaren Wiederkehr des Verdrängten hätten sie ihre Bluttat bereut, ein Totem aufgestellt, damit der Inzest sich nicht wiederhole.

Freud spricht von einem positiven Ausgang des ödipalen Konflikts, wenn der Junge und das Mädchen auf ihre Inzestwünsche verzichten, die Verwirklichung ihrer sexuellen Wünsche verschieben, ihr Liebesobjekt außerhalb des engeren Familienkreises suchen und sich mit väterlichen Normen und Idealen identifizieren, wodurch das Über-Ich (Gewissen) und das Ich-Ideal aufgerichtet werden.

Der neokleinianische Psychoanalytiker John Steiner unterscheidet einen paranoid-schizoiden und einen depressiven Ödipuskomplex. Man könne zwischen paranoid-schizoid und ödipal nicht unterscheiden. Freuds Auffassung vom kastrierenden Vater stellt seiner Überzeugung nach die paranoid-schizoide Auffassung des Ödipuskomplexes dar. Das sei diejenige Version, in der der Vater der Stärkere sei und den Sohn besiege, der daraufhin seine inzestuösen Wünsche aufgebe. Dies führe zu einem Wunsch nach Rache. In der depressiven Auffassung des Ödipuskomplexes besiege dagegen paradoxerweise der Sohn den Vater. In seiner Fantasie habe er die omnipotente Wahnvorstellung, er sei stärker als der Vater. Erst wenn er den Leichnam des Vaters vor sich sehe und den Schmerz der verzweifelten Mutter, erfasse er die psychische Realität dessen, was er getan habe. Dann müsse ein ganz neuer Prozess in Gang kommen, der mit Trauer und Verlust, Vergebung und Wiedergutmachung zu tun habe und der in der paranoid-schizoiden Version des Ödipuskomplexes völlig unmöglich wäre. Deshalb würde er keinen Unterschied machen zwischen paranoid-schizoid und ödipal, sondern zwischen verschiedenen Auffassungen des Ödipuskomplexes (Britton et al. 1997, S. 93f.). Er gebe zu, dass die verfolgende Version des Ödipuskomplexes tatsächlich weniger verfolgend sei als die depressive Version, und dies gebe einem oft Rätsel auf. Warum bewegten sich die Patienten eigentlich von der depressiven in die paranoid-schizoide Position? Warum werde die Paranoia der depressiven Schuld vorgezogen? Was ermögliche es, den Rachekreislauf aufzuheben, sodass Schuld und Wiedergutmachung möglich werden können? Steiner geht davon aus, dass beide Versionen oder Imagines – sowohl die verfolgende Freudsche Version, als auch die depressive – in gewisser Weise in jedem von uns vorhanden seien, sodass der Einzelne nicht die eine der anderen vorziehen könne: Er oder sie hätten einfach mit beiden zu tun (a. a. O., S. 135).

Ausgehend von einer Kontroverse zwischen Ernest Jones und Bronislaw Malinowski, hat Anne Parsons 1964 die Frage gestellt, ob der Ödipuskomplex universelle Gültigkeit besitze. Sie ist selbst in ihrem Beitrag den Manifestationen des ödipalen Konflikts im süditalienischen Raum nachgegangen und hat seine Modifikationen im Vergleich zu Mitteleuropa aufgezeigt. Einige ihrer Beobachtungen, z. B. das Tabu der Jungfräulichkeit, das im Dienste der Abwehr der Inzestfantasien steht, besitzen für den gesamten Mittelmeerraum und für weite Bereiche des islamischen Orients Gültigkeit. Sie schließt, dass man die Frage der universellen Gültigkeit des Ödipuskomplexes nicht mit Ja oder Nein beantworten dürfe. Es habe sich gezeigt, dass die Annahme der infantilen Sexualität und der damit verbundenen Wünsche die wissenschaftliche Diskussion vorangebracht und auch im klinischen Bereich zu vielen positiven Ergebnissen geführt habe. Es wäre also unsinnig, von Freuds grundsätzlichen Überlegungen Abstand zu nehmen, so lange sich uns keine Alternative zeige, die eine noch größere wissenschaftliche Ausbeute verspreche (Parsons 1964, S. 206–209). Mittlerweile haben die psychoanalytischen Feldforschungen von Parin, Morgenthaler und Parin-Matthèy an der patrilinearen Kultur der Dogon (1963) und der matrilinearen Kultur der Agni (1971) in Afrika, die analytischen Behandlungsergebnisse von Lise Tripet (1990) an Senegalesen, die Untersuchungen von Sudhir Kakar (1998) und Ramanujan (1991) in Indien, die ethnoanalytischen Feldforschungen von Hans Bosse in Papua-Neuginea (1994) sowie meine eigenen Beobachtungen an iranischen, türkischen und arabischen Patienten (1990, 1993a, 1994, 1996, 1999, 2000 und 2001) gezeigt, dass der Ödipuskomplex letztlich universelle Gültigkeit besitzt, wenn auch der Ausgang dieses Konflikts von Kultur zu Kultur gewisse Verarbeitungsmodalitäten aufweist, die jeweils kulturspezifisch sind.

Ödipus in der iranischen Mythologie

Im Folgenden wende ich mich dem ödipalen Konflikt im iranischen Kulturraum und seinen für Iran und meines Erachtens für den gesamten Mittleren Osten spezifischen Modalitäten zu. Ich habe Iran ausgesucht, weil der kulturelle Einfluss Irans zum Teil noch heute in dieser ganzen Region sehr entscheidend ist und Persisch als eine Art lingua franca im gesamten Vorderen Orient, in Zentralasien bis weit nach Indien zumindest bis zum Beginn des 19. Jahrhunderts eine kulturtragende Rolle gespielt hat. Persisch war die Sprache der Dichtung. Über Persisch wurden früh iranische Mythen im gesamten Mittleren Osten verbreitet in erster Linie durch die Verbreitung des iranischen Nationalepos Schahnameh (das Buch der Könige) in der Originalsprache, aber auch in sehr frühen arabischen und türkischen Übersetzungen. Schahnameh wurde in seiner ersten Redaktion 994–5 von dem iranischen Dichter Ferdaussi in Neupersisch vorgelegt. Als Vorlage dienten die Ferdaussi noch zugänglichen mittelpersischen epischen und altpersischen religiösen Schriften sowie die mündlichen Überlieferungen. Die im Schahnameh enthaltenen Mythen und Sagen können wir noch heute im heiligen Buch Zarathustras, Avesta, und in den anderen uns erhaltenen vorislamischen Schriften vorfinden.

Im Schahnameh gibt es eine ganze Reihe zentraler Mythen und Sagen, die vom Zweikampf zwischen den Vätern, Vatersurrogaten und Söhnen erzählen, die sämtlich damit enden, dass die Väter, die alten Männer ihre ihnen nicht bekannten Söhne töten. Erst im Augenblick ihres Todes erfahren sie, es handle sich um ihren eigenen Sohn. In einer zweiten Gattung solcher Sagen töten alte Männer die jungen im Auftrage eines Herrschers, der sich vor den Machtgelüsten des Jüngeren fürchtet oder einen sexuellen Übergriff im Sinne eines Inzests vermutet. Im Folgenden gebe ich zwei zentrale Sagen kurz wieder.

Die Geschichte von Rostam und Sohrab

Der iranische Nationalheld Rostam reitet auf der Jagd alleine in das Feindesland Turan, wo er sich nach getaner Arbeit in trunkenem Zustand schlafen legt. Sein Lieblingspferd Rakhsch wird von Bewohnern der nahe liegenden turanischen Stadt Semengan gestohlen. Er sucht sein Pferd und wird fürstlich von dem König der Stadt Semengan empfangen, der zu seinen Ehren ein Fest veranstaltet und ihm verspricht das Pferd zurückzugeben. In der Nacht sucht die Königstochter Tahmineh Rostam in seinem Schlafgemach auf und wünscht sich von ihm ein Kind. Als Rostam am Tage darauf die Stadt Richtung Iran verlassen will, schenkt er seiner Frau Tahmineh einen Onyx und sagt ihr, sie solle den Stein, falls sie ein Mädchen gebäre, an ihre Stirn binden und, falls ein Junge zur Welt komme, an seinen Arm. Sohrab, der Sohn des Ritters, wächst bei der Mutter auf. Eines Tages wird er von Spielkameraden gehänselt, weil er den Namen des Vaters nicht kennt. Er fragt die Mutter nach seiner Herkunft. Die Mutter erzählt von Ruhm und Tapferkeit des Vaters und bindet dem Jungen den Stein an den Oberarm. Sohrab verlässt mit dem turanischen Heer das Land in Richtung Iran, um nach dem Vater zu suchen, den iranischen König abzusetzen, Iran und Turan wie einst wiederzuvereinigen, den Vater auf den Königsthron zu setzen und die Mutter zur Königin zu machen.

Es kommt zum Zweikampf zwischen Vater und Sohn. Sie kennen einander nicht, weil einerseits die Ritter beider Lager die Identität der Kämpfenden verbergen, und weil es andererseits unehrenhaft ist, wenn ein Ritter seinen Namen als erster preisgibt. Vor und während des Kampfes empfindet Sohrab gegenüber dem Älteren eine eigentümliche Liebe und lädt ihn ein, mit ihm zu zechen, anstatt auf dem Feld von dem Jüngeren getötet zu werden. Die Verwandtschaft vorbewusst ahnend, fragt er ihn, ob es ihm nicht lieber sei, in den Armen seines Sohnes zu sterben, als auf dem Schlachtfeld. Rostam geht auf diese Verführungen nicht ein, obwohl auch er in Sohrab den unbekannten Sohn vermutet. Dreimal kämpfen die Ritter miteinander. Der erste Kampf geht unentschieden aus. Beim zweiten gewinnt der Jüngere, tötet aber den Alten nicht, weil dieser behauptet, in seinem Land kämpften die Ritter dreimal miteinander. Nachdem Rostam in der Nacht zuvor seine ganze alte Kraft von Gott erfleht hat, gewinnt er am dritten Tag den Zweikampf und erdolcht den Jungen. Erst im Augenblick des Todes offenbart Sohrab seine Identität. Rostam lässt den Großkönig Kai Kawus um jenen Balsam bitten, den er in seinem Thronschatz aufbewahrt, und der alle Wunden heilt. Kawus, in Angst vor den vereinten Kräften Rostams und Sohrabs, erfüllt diesen Wunsch nicht. Rostam bleibt nur die Trauer um den getöteten Sohn.

Die Geschichte von Sijawusch

Sijawusch, der Sohn des Großkönigs Kai Kawus, wird von der Stiefmutter Sudabe begehrt, lässt sich aber von ihr nicht verführen. In enttäuschter Wut bezichtigt Sudabe Sijawusch ihr nachzustellen. Obwohl er die Feuerprobe besteht, ist der Vater noch immer voller Misstrauen und schickt ihn deshalb in den Krieg gegen den turanischen Feind, den er gewinnt. Er soll aber auf Geheiß des Vaters die gefangenen Turaner töten, die er auf seinen Befehl zunächst freigelassen hatte. Sijawusch zieht sich enttäuscht vom Vater zu seinem Oheim, dem turanischen Großkönig Afrasiab, zurück, heiratet dessen Tochter Prinzessin Farangis, gründet in Turan Städte und gewinnt an Ruhm und Einfluss. Schließlich wird er auf Befehl des tückischen und neidischen Oheims und Schwiegervaters getötet. Er leistet aber keinen Widerstand, weil er durch einen Traum weiß, dass sein noch nicht geborener Sohn aus der Ehe mit Farangis zu einem tapferen Ritter heranwachsen, Iran und Turan wiedervereinigen und ein tausendjähriges Reich der Gerechtigkeit gründen wird. Er erkennt in ihm den erwarteten Messias, der die Erde vom Bösen befreit. Die Voraussetzung seiner Geburt ist aber das Todesopfer des Vaters. Kai Chosrau, der Sohn von Sijawusch, wächst in Turan heran. Mithilfe der Mutter findet er das Pferd und die Ausrüstung des Vaters. Er reitet nach Iran, wo der Großvater Kai Kawus ihm die Krone überlässt. Im Kampf gegen Turan ist er siegreich. Er beseitigt seinen mütterlichen Großvater, den turanischen Großkönig Afrasiab, vereinigt Iran und Turan und herrscht tausend Jahre gerecht. Unter ihm verstehen sich Schafe und Wölfe. Alle leben im Wohlstand, es gibt weder Hunger noch Krankheit. Am Ende überlässt er das Reich seinem Nachfolger und reitet mitten im Winter mit einer kleinen Schar seiner Getreuen in den mythischen Berg Alborz, wo er, nachdem er gebetet und die rituellen Waschungen vorgenommen hat, verschwindet. Er wird quasi von dem Berg verschluckt. Er ist aber der verborgene Messias, der eines Tages wiederkommen wird, zu einem Zeitpunkt, an dem das Böse erneut überhand genommen hat.

Ausgehend von diesen zentralen für die Gestaltung der iranischen Kultur, auch der Kultur des Alltags, relevanten Sagen, vertrete ich bezüglich des Ausgangs des ödipalen Konflikts in Iran und in allen von der iranischen Kultur maßgeblich beeinflussten Kulturen der Nachbarländer folgende Hypothese: Während nach der griechischen Sage von Ödipus dieser den Vater beseitigt, sein Reich übernimmt, die – unerkannte – Mutter heiratet und mit ihr Kinder zeugt, nimmt der ödipale Konflikt im iranischen Kulturraum mindestens auf der manifesten Ebene einen anderen Ausgang als den uns aus der griechischen Sage und aus der Psychoanalyse Freuds bekannten. Hier werden regelmäßig die Söhne durch die Väter oder Vatersurrogate getötet. Die Tötung des jugendlichen Sohnes ist die Voraussetzung der Geburt einer messianischen Gestalt, die das Reich des Bösen, das von den Alten verwaltet wird, beseitigt und das tausendjährige Reich der Gerechtigkeit, des Friedens und des Wohlstands gründet. Otto Rank (Rank 1909, S. 25–37) und Sigmund Freud (Freud 1939, S. 110) meinen zwar in der von Herodot berichteten Sage über die Geburt des Gründers des persischen Reiches Kyros eine iranische Version der griechischen Ödipussage gefunden zu haben, indes darf nicht vergessen werden, dass in iranischen Quellen diese Sage nicht vorkommt und auch keine Entsprechung in anderen Sagen findet. Die iranische Mythologie kennt die historische Gestalt des Kyros nicht. Die mythischen Könige finden selten ihre Entsprechungen in historischen Personen. Die griechischen Geschichtsschreiber sind dem

Verfasser des iranischen Nationalepos unbekannt. Der Name Griechenland kommt im Schahnameh nicht vor. Alexander der Mazedonier erhält im iranischen Nationalepos iranische Vorfahren. Nach Herodot soll Kyros nach einem bedrohlichen Traum seines westiranisch-medischen mütterlichen Großvaters, des Königs Astyages, in der Wildnis ausgesetzt oder getötet werden, er wächst aber bei einem kinderlosen Hirtenpaar auf, ohne seine Herkunft zu kennen. Er zieht später gegen König Astyages in den Krieg, überwältigt ihn und gründet das persische Reich. In dem iranischen Nationalepos findet aber diese griechische Sage keine Entsprechung.

Otto Rank missversteht außerdem die Sagen von Kaikhosrav (Kai Chosrau) und Feridun (Faridun) (Rank 1909, S. 37–40) und deutet diese im Sinne der Ödipussage. Kai Chosrau ist aber, wie ich erwähnte, der jugendliche messianische Erlöser, der nach seiner vorläufigen Herrschaft in die Berge verschwindet, um eines Tages wiederzukommen. Voraussetzung dafür ist aber der Märtyrertod seines jugendlichen Vaters, des Prinzen Sijawusch, den Repräsentanten des Sohnes durch das Surrogat des Vaters, den Oheim und Schwiegervater Afrasiab (Heiduczek 1982, S. 108–143). Feridun ist kein rebellischer Sohn, sondern gemäß dem iranischen Dualismus der Repräsentant des Guten, der von dem Schmied Kaveh dazu auserkoren wird, den tyrannischen arabischstämmigen König Sohak, den Repräsentanten des Bösen, zu töten und das tausendjährige Reich der Finsternis zu beenden (Sarkhosh Curtis 1994, S. 55–59).

Der Märtyrertod und die vorislamischen iranischen Erlöserfantasien haben in den schiitischen Islam, der Staatsreligion Irans, Eingang gefunden (Sarkhosh Curtis, S. 128–133) und durch die Ausbreitung der iranischen Kultur und der persischen Sprache – als Sprache der Dichtung und der Geschichtsschreibung – die Kulturen des islamischen Orients maßgebend beeinflusst. Deshalb können wir das Wagnis eingehen, zu behaupten, dass der Ausgang des ödipalen Konfliktes und seine Verarbeitungsmodalitäten in diesen Kulturen auch anders sind als die uns aus Mitteleuropa bekannten. Eine islamische Entsprechung finden wir in der koranischen Sage um Abraham und dessen erstgeborenen Sohn Ismael. Abraham will Ismael auf Befehl Gottes als Beweis seiner Gottesergebenheit opfern, womit Ismail völlig einverstanden ist. (Der Koran in der Übersetzung von Rudi Paret, Sure 37, Vers 99–110). Nach der bestandenen Prüfung bauen sie, Vater und Sohn, im Sinne einer Sublimierung der Aggressivität, gemeinsam zu Ehren Gottes das islamische Heiligtum Ka'aba in Mekka. So will es auf jeden Fall das kulturelle Gedächtnis wissen (Küng et al. 1994, S. 32).

Es liegt nahe die Hypothese aufzustellen, es handle sich bei der iranischen Auffassung des ödipalen Konflikts um den paranoid-schizoiden Ödipuskomplex. Der Orientale wäre demnach, legten wir Melanie Kleins Theorien von schizoider und depressiver Position zugrunde, außerstande, Schuld zu erleben und reife Objektbeziehungen einzugehen. Er verfügte über kein integriertes reifes Über-Ich. Sein Über-Ich wäre archaisch, streng, verfolgend und defizitär. Dies würde der Pathologisierung einer ganzen Kultur gleichkommen. Tatsächlich behaupten auch der katholische Theologe Hans Küng und der Tübinger Orientalist Josef van Ess in ihrem 1984 erschienen Buch *Christentum und Weltreligionen*, der Islam kenne so etwas wie das Gewissen als autonome Instanz nicht: »Nur die islamischen Philosophen – Alfarabi, Avicenna, Averoes – stehen da ein wenig abseits; sie haben die Ideen der ›Nikomachischen Ethik‹ und der platonischen ›Politeia‹ in arabischem Gewande heimisch zu machen versucht. Aber ihre Werke wurden vergessen und erst durch die europäische Islamistik der islamischen Welt wiedergeschenkt; allein in Iran hat sich ihr Denken ohne Bruch, wenn auch in etwas theosophischer Vermummung, bis in jüngste Zeit lebendig erhalten. Natürlich waren und sind Muslime sich darüber im klaren, dass es so etwas wie ein Gewissen gibt. Aber es ist doch bezeichnend, dass das klassische Arabisch dafür keinen prägnanten Begriff kennt; nur in der Mystik finden sich Ansätze, ähnlich dem ›Seelenfünklein‹ bei Meister Eckart. Was es nicht gibt, ist das Gewissen als autonome Instanz« (Küng et al. 1994, S. 75).

Hingegen gestatten die Konzepte von Bion, Steiner, Britton, Feldmann und anderer Neokleinianer daran zu denken, dass eine ungestörte Entwicklung beider Auffassungen vom Ödipuskomplex ohne weiteres möglich ist.

Ronald Britton geht bei der Entwicklung eines theoretischen Modells zum Verständnis psychischer Entwicklung und Regression von Melanie Kleins Konzepten der paranoid-schizoiden und depressiven Position sowie von der Modifikation aus, die Bion an diesen Konzepten vorgenommen hat. »Betrachtete Klein die beiden Positionen ursprünglich als Entwicklungsstadien, so versteht Bion die Übergänge zwischen ihnen mehr im Sinne eines beständigen Oszillierens zwischen gleichzeitig vorhandenen Strukturen, woraus im Prozess des Containment Denken und Bedeutung entstehen. [...] Britton [...] beschreibt Regression nicht mehr als eine topische, zeitliche und formale, nicht mehr als eine ›Rückkehr zu früheren Entwicklungsformen des Denkens, der Objektbeziehungen und der Strukturierung des Verhaltens‹ (Laplanche/

Pontalis 1967, S. 436), und nicht als einfache Rückkehr von der depressiven zur paranoid-schizoiden Position. Vielmehr bedeutet Regression Abweichung in eine pathologische Organisation, die ihrer Struktur nach zwar sowohl einer paranoid-schizoiden wie auch einer depressiven Position ähneln kann, sich aber von deren ›normalen‹ Formen im Rahmen der Entwicklung unterscheidet. In einem Fall resultiert eine aus Spaltung hervorgehende organisierte Desintegration (z.B. eine paranoide Idee), im anderen Fall eine falsche Sicherheit, welche die Form eines manischen Optimismus, allwissender Verzweiflung oder auch eines fundamentalistischen Glaubens annehmen kann« (Weiss et al., Einführung zu Britton et al. 1998, S. 8f.).

Selbstverständlich könnten wir auch die Auffassung vertreten, es handle sich bei der islamischen Version des Ödipuskomplexes um eine Reaktionsbildung oder um eine Darstellung durch das Gegenteil, sodass sich dahinter die uns aus der Ödipussage bekannte Feindseligkeit gegen den Vater verbirgt. Indes denke ich ausreichend Belege dafür gefunden zu haben, die solch eine Annahme unwahrscheinlich erscheinen lassen. Dies möchte ich anhand einer ganzen Reihe von psychosozialen Abwehrmaßnahmen, Fantasien und kulturellen Leistungen, die auch im Dienste der Abwehr der Angst vor dem vernichtend-kastrierenden Vater stehen, im Folgenden verdeutlichen.

Kulturelle Traditionen im Vorderen Orient

I. Etikette und Ritualisierungen als psychosoziale Abwehrmaßnahmen

Die projektive Fantasie, dem Vater völlig ausgeliefert und einer tödlichen Bedrohung ausgesetzt zu sein, erhöht die aus der Entwicklungspsychologie bekannte Angst des Jungen (des Kindes) vor der Kastration durch den Vater so sehr, dass spezifische Abwehrmaßnahmen notwendig sind, um die Angst kontrollieren und die gefürchtete tödliche Bedrohung abwenden zu können. Auch die Väter entwickeln infolge ihrer Macht und ihrer vorbewussten Aggressivität vor allem gegen die männlichen Nachkommen erhebliche Angst, die sie binden müssen. Die orientalischen Kulturen verfügen über bestimmte Abwehrstrategien, die den westlichen Kulturen entweder unbekannt sind, oder in der Hierarchie der Abwehrmechanismen eine untergeordnete Rolle spielen. Diese sind, wie ich 1990 und 1993 dargelegt habe, die Abwehrmaßnahmen der Etikette und der Ritualisierungen.

Die *Etikette*, persisch *Adab*, reguliert die interpersonellen Beziehungen und die verbalen und nonverbalen Interaktionen zwischen den Personen gleicher und verschiedener Generation. Sie sorgt dafür, dass eine kritische Distanz vor allem in Beziehungen der Menschen verschiedener Generationszugehörigkeit nicht überschritten wird. Sie dient der Grenzsetzung und der Wahrung der traditionell vorgeschriebenen Grenzen zwischen den Älteren und den Jüngeren. Sie sorgt dafür, dass die Älteren nicht beschämenden und herabsetzenden Situationen ausgesetzt werden und dient damit der Bindung der Angst vor der gefürchteten tödlich-kastrierenden Aggressivität der Elterngeneration, vor allem der Väter. Die Wahrung der Etikette signalisiert, dass die Kinder die Eltern, insbesondere den Vater ehren, die Macht des Vaters anerkennen und seine Tradition fortführen möchten. Nicht die Überwindung des Vaters, sondern die Fortführung seiner Tradition wird damit signalisiert. Die zentrale Bedeutung der Etikette in den orientalischen Kulturen findet auch darin ihren Ausdruck, dass in allen arabisch-, persisch- und türkischsprachigen Ländern die Etikette der schöngeistigen Literatur und der Kultur im Allgemeinen gleichgesetzt wird (Bey 1996, S. 61f.; Irwin 1997, S. 103). In Iran nennt man die philosophische und geisteswissenschaftliche Fakultät, Fakultät der Etikette, persisch Daneschkadeh Adabi'iat, und alles Geschriebene und Gedichtete wird unter dem Begriff *Adab* (Etikette) subsumiert. Die Etikette ist für alle Generationen bindend. Während die Jüngeren in ihren verbalen und nonverbalen Äußerungen und Handlungen den Älteren ihre Vormachtstellung zusichern und ihnen durch ihre Ehrerbietungen ihre guten Absichten verkünden, drücken die Älteren durch die Etikette ihre zärtlich-fürsorglichen Absichten den Jüngeren gegenüber aus. Sie signalisieren damit, dass sie keine Absicht haben den Jüngeren feindselig zu begegnen und ihnen etwas anzutun. Kommt es zu unüberbrückbaren Feindseligkeiten zwischen den Generationen oder Menschen verschiedener Schichtenzugehörigkeit, zeigt sich dies an erster Stelle in Sprachentgleisungen. Die Wortwahl ist dann eine völlig andere (vgl. Beemann 1986). Es kann dann zu offener Feindseligkeit und zu destruktiven Handlungen mit unübersehbaren Folgen kommen. Solchen Entgleisungen gehen gewöhnlich mehr oder weniger öffentliche Verletzungen und Beschämungen voraus. Ich habe an anderer Stelle die hervorstechende Bedeutung solcher Beschämungen in den orientalischen Kulturen dargelegt und die These vertreten, dass es sich bei der iranischen Kultur um eine »Scham-Schuld-Kultur« handelt, wobei beide Affekte bei der Bildung und Etablierung des Über-Ichs gleichrangig sind. Eine ähnliche Funktion haben *Ritualisierungen* bei Begegnungen der Menschen. Die *Rituale* können äußerst komplizierte Formen annehmen und von Ort zu Ort wechseln. Auf einen außenstehenden kulturfremden Betrachter können sie verwirrend und irritierend wirken. Was tut man beispielsweise, wenn ein älterer angesehener Gast, Mann oder Frau, eine Gesellschaft betritt? Wo lässt man ihn Platz nehmen und wie, damit er oder sie sich alters- und standesgemäß geehrt und geachtet fühlt?

II. Messianische Erlöserfantasien und Märtyrertod

Die messianischen Erlöserfantasien und der Märtyrertod, die ihre Wurzel in den vorislamischen Religionen Irans haben, sind zentraler Bestandteil des schiitischen Islams, der vorwiegend in Iran beheimatet ist. Im Märtyrertod des dritten schiitischen Imams wiederholt sich der Märtyrertod des Prinzen Sijawusch. Die Trauerfeier und die Passionsspiele um den schiitischen Imam Hossein, das Enkelkind des Propheten Mohammad, erinnert in allen Einzelheiten an Suwaschun, die altiranischen Trauerspiele um den Prinzen Sijawusch. In der südiranischen Provinz Fars (dem alten Persis) trauert man noch manchen Ortes um Sijawusch und veranstaltet Passionsspiele, die sich kaum von den Passionsspielen um den Imam Hossein unterscheiden. In der Gestalt des zwölften schiitischen Imams Mahdi, der seit dem 24. Juli 874 in der Verborgenheit lebt, erwarten die Schiiten den jugendlichen messianischen Erlöser, der eines Tages erscheinen wird, um die finstere Herrschaft der Alten zu beenden und das Reich der Gerechtigkeit und der Wahrheit zu gründen. Er ist der islamisierte Erlöser der altiranischen Eschatologie *Astvat-Arta*, »das verkörperte Recht« (Widengren 1961, S. 165). »Die schiitische Hagiographie steckt voller Wundergeschichten über die Existenz des zwölften Imams. Seine Mutter soll eine byzantinische Prinzessin namens Narges (Narzisse) gewesen sein, die ihrerseits wieder von Simon Petrus abstammt, und die so die beiden Zyklen geistiger Vorfahren, den von Jesus und den Muhammads, vereinigt« (Richard 1980, S. 29). Die Erlöserfantasien dienen der Abwehr der Angst vor der Übermacht der Alten, der Väter, die im Namen des verborgenen Imams über die Jungen herrschen. Sie dienen der Wahrung des Prinzips Hoffnung, der Abwendung der kulturellen Stagnation, der Abwehr der Depression wie auch der Perversion und zwar dadurch, dass die Jungen sich mit dem jugendlichen Erlöser identifizieren. Meines Erachtens kann man diese zukunftsgerichteten Erlöserfantasien jener künftigen, noch nicht realisierten depressiven Position gleichsetzen, die Ronald Britton als »die Überzeugung von der Existenz eines guten Ausganges« definiert, »während man sich nicht vorstellen kann, welche Form er annehmen wird«. Bei dieser Hoffnung handelt es sich um den Glauben »an die Existenz eines Objektes, dem gegenüber man nicht handelt, und das trotzdem wiederkommt.« Das wäre »ein Modell, in welchem dem Kind die Fähigkeit der Mutter, unaufgefordert zurückzukehren, bewusst wird –, nicht wenn das Kind schreit oder handelt. Es ist ein Objekt mit der Fähigkeit zu unabhängiger Rückkehr. Die Hoffnung [...] ist der Glaube an die Existenz eines solchen Objekts« (Britton et al. 1998, S. 42).

III. Islamische mystische Philosophie

Eine ähnliche Aufgabe kommt der islamischen mystischen Philosophie zu, die seit der Islamisierung des Orients eine ununterbrochene mächtige Tradition hat und alle Bereiche des kulturellen Lebens einschließlich der schöngeistigen Literatur und der Kunst, aber auch das Alltagsleben der Orientalen in einem für den mitteleuropäischen Betrachter unvorstellbaren Ausmaß durchdringt. Die mystischen Fantasien der Orientalen und die ihnen entsprechenden in der Analyse auftauchenden Übertragungsreaktionen dienen der Herstellung eines Grundgefühls der Sicherheit, der Verlässlichkeit, des Geliebtwerdens und der Anerkennung durch ein mit mütterlichen Eigenschaften versehenes väterliches intersubjektives Objekt. Sie dienen der Entstehung eines ungestörten ›reifen Narzissmus‹ als Grundlage der Entwicklung des wahren Selbst und ermöglichen den Zugang dazu. Sie sind kulturspezifisch, kulturell unbewusst und stehen in enger Verbindung mit der Andersartigkeit des Ausgangs des ödipalen Konflikts in iranischen und islamisch-orientalischen Kulturen.

Implikationen für die psychoanalytische Therapie der islamisch-orientalischen Patienten

Da die *Etikette* der Abwehr der Angst vor einem kastrierend-vernichtenden väterlichen Objekt dient, und der Analysand erst durch die Wahrung der Etikette, auch gegenüber dem Analytiker, sich imstande fühlt, sich relativ angstfrei in den analytischen Prozess hineinzubegeben, empfehle ich, diese nicht im Sinne des Widerstandes zu verstehen und schon bald zu deuten. Ich halte dies für einen kardinalen Fehler, der dazu führt, dass der Analysand sich unverstanden und vom Analytiker verfolgt fühlt und die Analyse abbricht. Sollte der Analytiker selbst einer islamisch-orientalischen Kultur angehören, wäre er gut beraten, selbst zu Beginn der Stunde in der Interaktion mit dem Analysanden, so weit als notwendig, von der Etikette Gebrauch zu machen und auf diese Weise mit dafür zu sorgen, dass der Analysand seine Initialangst abbaut. Bei fortgeschrittenem analytischen Prozess gehört die Analyse der Etikette selbstverständlich zur analytischen Arbeit dazu.

Messianische Erlöserfantasien treten gewöhnlich in der Analyse der orientalischen Moslems, vor allem der Schiiten, auf. Sie dienen ebenfalls der Abwehr der Angst vor dem übermächtigen Vater und den ihm projektiv zugeschriebenen destruktiven Handlungen und paranoischen Verfolgungen, hinter denen sich die eigenen gegen den übermächtigen Vater gerichteten feindseligen Racheimpulse verbergen. Derlei Fantasien stehen im Dienste der Identifizierung mit dem jugendlichen Erlöser, der eines Tages die Vorherrschaft der Alten beenden wird. Sie binden die aggressiven, gegen den Vater gerichteten Triebimpulse. Da eine Deutung der gegen den Vater oder den Analytiker gerichteten Feindseligkeit erhebliche Angst im Analysanden mobilisieren und seinen Widerstand gegen den analytischen Prozess erheblich verstärken kann, empfehle ich für lange Zeit von solchen Deutungen abzusehen. Wenn der analytische Prozess gut und lange läuft, gibt es gewöhnlich Anlässe, von solchen Deutungen Gebrauch zu machen. Ich möchte dies anhand einer kurzen Kasuistik verdeutlichen:

> Der damals 23-jährige orientalische Patient war zwar im Alter von sechs Jahren mit seinen Eltern nach Deutschland übersiedelt, er hatte auch seine Muttersprache verlernt, sodass die Analyse auf Deutsch durchgeführt werden musste, aber er beherrschte die Etikette ausgezeichnet

und machte davon schon bei unserer Begegnung im Wartezimmer regen Gebrauch. Ich erwiderte die Etikette, wodurch der junge Mann sich sicher fühlte und die analytische Arbeit in Gang kam. Die Frequenz der Behandlung betrug drei Sitzungen wöchentlich. Zu Beginn des dritten Jahres fiel ihm eines Tages am Ende einer Sitzung ein, er sei mit viereinhalb Jahren in das Arbeitszimmer seines Vaters eingedrungen und habe in dessen Abwesenheit, seinen Drehsessel so weit ausgedreht, dass der Sitz nur noch ganz locker befestigt war. Der Vater sei kurz darauf ins Zimmer gekommen und habe sich auf den Sessel gesetzt. Der Sessel sei nach hinten gekippt und der Vater habe sich eine Beule am Hinterkopf geholt. Er, der Pat., habe sich sowohl geängstigt, als auch Freude empfunden. Der Pat. stand dann auf, und als er mir zum Abschied die Hand geben wollte, sah er meinen Drehsessel. Er wurde bleich, lachte verlegen und sagte: »Sie haben ja auch einen Drehsessel!«

In den nächsten Stunden konnten wir anhand dieser Erinnerung und in Übertragung zu mir seine Beziehung zum Vater und zu mir klären. Hätte ich früher aus anderen Anlässen, seine feindseligen Regungen gegen den Vater oder in Übertragung zu mir gedeutet, hätte er mich nicht verstanden, als einen Verfolger erlebt und womöglich die Therapie abgebrochen.

Mystische Verschmelzungswünsche treten in Analysen der Orientalen in Zuständen von tiefer Regression auf, die nicht oder zumindest nicht nur Ausdruck eines narzisstisch-regressiven Widerstandes gegen den analytischen Prozess sind, sondern eher im Sinne einer Anpassung nach Paul Parin begriffen werden müssen. Der Analytiker tut gut daran, solche mystischen Fantasien und deren Übertragungsmanifestationen nicht im Sinne des Widerstandes zu früh zu deuten, sondern dem Analysanden genügend Zeit und Raum zu lassen, diesen intermediären Raum mit seinen kreativen Fantasien spielerisch auszufüllen, um zu seinem wahren Selbst Zugang zu finden.

Literatur

Ardjomandi, M.E. (1990): Destruktivität und Versöhnung im schiitischen Islam. In: Herrdickerhoff, E. et al. (Hg.): Hassen und Versöhnen. Psychoanalytische Erkundungen. Göttingen (Vandenhoeck & Ruprecht), S. 121–137.

Ardjomandi, M.E. (1993): Die fremde Kultur der Schiiten. Scham, Schuld und Narzissmus in der psychoanalytischen und psychotherapeutischen Behandlung von Iranern. In: Streeck, U. (Hg.): Das Fremde in der Psychoanalyse. Erkundungen über das »Andere« in Selbst, Körper und Kultur. München (Pfeiffer), S. 65–77.

Ardjomandi, M.E. (1999): Schuld und Schuldgefühle im interkulturellen Vergleich. Jahrbuch für Gruppenanalyse und ihre Anwendungen, Band 5 (Mattes), S. 63–88.

Ardjomandi, M.E. (2000a): Der Ausgang des ödipalen Konflikts im iranischen Kulturraum und seine Auswirkungen auf die analytische Psychotherapie iranischer Patienten. In: Rodewig, K. (Hg.): Identität, Integration und psychosoziale Gesundheit. Aspekte transkultureller Psychosomatik und Psychotherapie, Gießen (Psychosozial-Verlag), S. 107–148.

Ardjomandi, M.E. (2000b): Die Zeit der Zeitlosigkeit. Mystische Verschmelzungssehnsucht des orientalischen Analysanden zu seinem Analytiker. Jahrbuch für Gruppenanalyse und ihre Anwendungen, Band 6 (Mattes), S. 121–138.

Bey, H. (1996): Reisen der Erleuchtung. Jenseits des Tourismus – zu den Pforten der Wahrnehmung. Lettre 33, S. 59–63.

Beemann, W.O. (1986): Language, Status, and Power in Iran. Bloomington (Indiana University Press).

Bosse, H. (1994): Der fremde Mann. Jugend, Männlichkeit, Macht. Eine Ethnoanalyse. Frankfurt/M. (S. Fischer).

Britton, R.; Feldmann, M. & Steiner, J. (1997): Groll und Rache in der ödipalen Situation. Beiträge der Westlodge-Konferenz 1995, Tübingen (edition diskord).

Britton, R.; Feldmann, M. & Steiner, J. (1998): Identifikation als Abwehr. Tübingen (edition diskord).

Davis, D. (1992): Epic and Sedtion. The case of Firdowsi's Shahnameh. Washington D.C. (Mage Publishers).

Freud, S. (1912): Totem und Tabu. G.W. Bd. IX. Frankfurt/M. (S. Fischer), 1968.

Freud, S. (1939[1934–1938]): Der Mann Moses und die monotheistische Religion. G.W. Bd. XVI. Frankfurt/M. (S. Fischer), 1968.

Heiduczek, W. (1982): Die schönsten Sagen aus Firdausis Königsbuch. Hanau (Werner Dausien).

Irwin. R. (1997): Die Welt von Tausendundeiner Nacht. Frankfurt/M., Leipzig (S. Fischer).

Kakar, S. (1998): Kindheit und Gesellschaft in Indien. Eine ethnopsychoanalytische Studie. Frankfurt/M. (Nexus).

Küng, H.; van Ess, J. (1994): Christentum und Weltreligionen. Islam. München und Zürich (Piper).

Laplanche, J.; Pontalis, J.-B. (1972): Das Vokabular der Psychoanalyse. Frankfurt/M. (Suhrkamp).

Paret, R. (1979): Der Koran (Übersetzung, Kommentar und Konkordanz). Stuttgart, Berlin, Köln (Kohlhammer).

Parin, P.; Morgenthaler, F. & Parin-Matthèy, G. (1963): Die Weißen denken zu viel. Psychoanalytische Untersuchungen bei den Dogon in Westafrika. Zürich (Atlantis).

Parin, P.; Morgenthaler, F. & Parin-Mattthèy, G. (1971): Fürchte deinen Nächsten wie dich selbst. Psychoanalyse und Gesellschaft am Modell der Agni in Westafrika. Frankfurt/M. (Suhrkamp).

Parin, P. (1977): Das Ich und die Abwehrmechanismen. Psyche 31, 481–515.

Parsons, A. (1964): Besitzt der Ödipuskomplex universelle Gültigkeit? In: Muensterberger, W. (Hg.): Der Mensch und seine Kultur. Psychoanalytische Ethnologie nach »Totem und Tabu«. München (Kindler), 1969, S. 206–259.

Ramanujan, A.K. (1991): Der indische Ödipus. Inzestfantasien ohne Vatermord? Tiefenpsychologische Betrachtungen zum Generationskonflikt. Lettre 13, S. 82–88.

Rank, O. (1908): Der Mythos von der Geburt des Helden. Versuch einer psychoanalytischen Mythenbildung, Wien (Turia & Kant), 2000.

Rank, O. (1926): Das Inzestmotiv in Dichtung und Sage. Grundzüge einer Psychologie des dichterischen Schaffens. Darmstadt (Wissenschaftliche Buchgesellschaft), 1974.

Richard, Y. (1980): Der verborgene Imam. Die Geschichte der Schia in Iran. Berlin (Wagenbach).

Rypka, J. (1959): Iranische Literaturgeschichte. Leipzig (Otto Harrassowitz).

Sarkhosh Curtis, V. (1994): Persische Mythen. Stuttgart (Reclam jun.).

van der Sterren, D. (1974): Ödipus. Nach den Tragödien des Sophokles. Eine psychoanalytische Studie. München (Kindler).

Tripet, L. (1990): Wo steht das verlorene Haus meines Vaters? Afrikanische Analysen. Freiburg i.Br. (Kore).

Widengren, G. (1961): Iranische Geisteswelt von den Anfängen bis zum Islam. Baden Baden (Holle).

Zur Dialektik der Familienbeziehungen und zu Gender-Differenzen innerhalb der Zweiten Generation

Ursula Apitzsch

Woran denken wir, wenn wir heute von der »Zweiten Generation« von Migranten in Deutschland sprechen? Denken wir an BildungsinländerInnen, die inzwischen zu einem großen Teil in der Universität angekommen sind und nicht selten die deutsche Staatsangehörigkeit besitzen? Oder denken wir an Kinder und Jugendliche, deren Eltern im Zuge von Familienzusammenführungen oder Pendelwanderungen innerhalb der EG erst vor wenigen Jahren in die Bundesrepublik kamen und die kaum geringere Probleme mit dem deutschen Schulsystem haben als die Kinder der sogenannten »Gastarbeiter«, die vor 30 oder inzwischen gar 40 Jahren in die Bundesrepublik kamen? Die Beispiele zeigen, wie ungenau und schwammig der Begriff der »Zweiten Generation« ist. Sollte man ihn überhaupt noch verwenden? Sollte man überhaupt noch von einer »Zweiten Generation« sprechen, nachdem die Bundesrepublik durch ein neues Staatsangehörigkeitsrecht der Tatsache Rechnung trägt, dass wir es bei Migrationen nach West- und Nordeuropa häufig mit endgültiger Einwanderung in das Zielland zu tun haben?

Der aufschließende Sinn des Sprechens von einer »Zweiten Generation« offenbart sich meines Erachtens viel weniger in Defizitbeschreibungen, in denen in der Regel die Ankunftsgesellschaft als fixe Normgröße betrachtet wird, als vielmehr in den erst in den allerletzten Jahren auftauchenden Rekonstruktionen von Aufstiegsprozessen in der Migration. In ihnen wird deutlich, dass Adoleszenz im Migrationsprozess eine komplizierte Positionierung in zwei Richtungen darstellt, nämlich nicht nur in Richtung auf die Ankunftsgesellschaft, sondern auch in Bezug auf die Erfahrungen der eigenen

Elterngeneration. Dabei wird erkennbar, dass die Ankunftsgesellschaft nicht nur den – zumeist erwarteten – Defiziten, sondern auch den – häufig unerwarteten – Aufstiegsprozessen mit erheblichem Widerstand begegnet (Nohl 2001; Hummrich 2002; Pott 2002). Zugleich ergeben sich sehr viele plausible Gründe für die Annahme, dass die notwendigen doppelten Positionierungen sehr unterschiedliche genderspezifische Möglichkeitsräume von Adoleszenzprozessen in der Migration entstehen lassen (Gutierrez Rodriguez 1999; Gültekin 2003).

Ich möchte nun im Folgenden in einem ersten Kapitel noch einmal den Begriff und die Empirie der sogenannten »Zweiten Generation« umreißen; in einem zweiten Kapitel möchte ich Probleme von Bildungsprozessen in der Migration umreißen, in einem dritten Kapitel schließlich möchte ich einige Überlegungen zu genderspezifischen Adoleszenzverläufen in der Migration anstellen.

1. Zum Begriff und zur Empirie der Zweiten Generation

In der sozialwissenschaftlichen Diskussion der Bundesrepublik wurden Problemlagen ausländischer Familien sehr lange strikt getrennt von der allgemeinen Diskussion um Familien- und Jugendprobleme in der Mehrheitsgesellschaft geführt. In Handbüchern zur Kinder- und Jugendarbeit sowie großen Jugend-Surveys wurde das Problem ausländischer Jugendlicher in der Regel gar nicht, wenn überhaupt additiv bearbeitet und nicht im Zusammenhang der einzelnen thematischen und disziplinären Aspekte (vgl. Bukow 1999, S. 269). Erst die 13. Shell-Studie 2000 hat systematisch ausländische Jugendliche in ihre Untersuchung aufgenommen (vgl. Deutsche Shell 2000). Diese Praxis, die in Deutschland auffällig ist, findet sich in anderen europäischen Ländern nicht in gleicher Weise. In Großbritannien und Frankreich z.B. verweisen Auseinandersetzungsprozesse um Jugendkultur auf eine postkoloniale Tradition, die einen ambivalenten Effekt erzeugt hat. Auf der einen Seite wird die »eigene« Tradition der Migranten zurückverwiesen auf ihre kolonialen und postkolonialen Rahmungen; auf der anderen Seite hat die Zugehörigkeit der Herkunftsländer zum Commonwealth bzw. zu den ehemaligen französischen Kolonien auch zu einer erheblichen Erleichterung der Einbürgerung sowie der selbstverständlicheren Thematisierung von Migrantenkulturen im Kontext der kulturellen Debatten der Aufnahmegesellschaften geführt. Es entstehen kulturelle Formen, die weißen wie schwarzen Jugendlichen z.B. in London und anderen großen Städten Großbritanniens in interethnischen Verständigungsprozessen ebenso als Ausdruck von gemeinsamen Alltagspraktiken wie auch als »selbstverständliche« Widerstandsform gegen Ausgrenzungen dienen, etwa kreolische Sprachformen und Musik (vgl. Jones 1988). Roger Hewitt bezeichnet sie als »Hybridformen«, die als Möglichkeit von Traditionsbildungen »von unten« bei Jugendlichen inländischer wie ausländischer Herkunft von Bedeutung sein können (vgl. Hewitt 1990). Konsequenterweise werden solche Formen hybrider Traditionsbildung und Jugendkulturen beispielsweise in der Forschungstradition des Center of Contemporary Cultural Studies (CCCS) für Jugendkulturen generell thematisiert. Das CCCS legte 1982 unter dem Titel *The Empire Strikes Back* eine Untersuchung vor, die die gegenseitige Bedingung von kultureller Hegemonie der Aufnahmegesellschaft und der Ausbildung sogenannter ethnischer Identitäten gerade im Bereich der Jugendkulturen aufzeigte. Ähnliche Untersuchungen fehlen bislang für die Bundesrepublik weitgehend, obgleich in den 1980er Jahren die Kinder der ausländischen Arbeitsmigranten bereits einen großen Teil der Schüler, Lehrlinge, Jungarbeiter und jugendlichen Arbeitslosen ausmachten (vgl. Bohnsack/Nohl 2001).

Für die Kinder von Arbeitsmigranten ist die Statuspassage vom Jugend- zum Erwachsenenalter durch einen doppelten Bezug gekennzeichnet. Zum einen sind ausländische Jugendliche ein Teil jener Generation, die die Wissensbestände, Werte und Normen der Aufnahmegesellschaft reproduziert; zum anderen sind sie jedoch auch zugleich immer definiert als »Zweite Generation«, das heißt als diejenige Generation, die auf Erfahrungen des Familienprojekts Migration bezogen bleibt und die Evaluation ursprünglicher Auswanderungsziele durch die Elterngeneration zum Ausgangspunkt eigener Projekte machen muss (vgl. Wilpert 1980, S. 57). Die Jugendphase der Kinder von Arbeitsmigranten ist durch eine doppelte Stresssituation gekennzeichnet. Zum einen projizieren die Eltern auf die Kinder jene Erfolgserwartungen der Migration, die sie selbst trotz immer wieder herausgeschobener Rückkehr nicht haben verwirklichen können. Zum anderen evaluieren die Kinder – gerade wenn sie schon seit langer Zeit in der Bundesrepublik leben, möglicherweise dort schon geboren sind – nicht nur das ursprüngliche Migrationsprojekt der

Eltern, sondern auch die eigene Chance, im Aufnahmeland Erfolg zu haben. Nicht nur hat sich die Situation am Arbeitsmarkt aufgrund der ökonomischen Entwicklung in den letzten 30 Jahren für die Zweite Generation gegenüber der ersten für den größten Teil der Betroffenen verschlechtert; es fehlt der »Zweiten Generation« als Bildungsinländern auch zunehmend die Bereitschaft, eine bleibende Unterschichtung in der Ankunftsgesellschaft hinzunehmen, wie die Eltern es im Hinblick auf das Ziel einer erfolgreichen Remigration ins Herkunftsland in der Regel taten.

Zu tendenziell anderen Ergebnissen kommt die 13. Shell-Jugendstudie (Deutsche Shell [Hg.] 2000). Danach schätzen die ausländischen Jugendlichen die Gesellschaft etwas optimistischer ein als die deutschen. Die Erklärung für diesen erstaunlichen Befund sieht Werner Fuchs-Heinritz darin, dass die pessimistische Sichtweise der Zukunft in den Studien von 1981 und 1984 im Wesentlichen durch die Grünen und die ihnen nahestehenden Protestbewegungen getragen waren. Diese gegenkulturellen Lebensentwürfe sind nach Fuchs-Heinritz »für die Jugendlichen nicht mehr bestimmend in dem Sinne, dass sie ihnen Stellungnahmen pro oder kontra abnötigen« (Fuchs-Heinritz 2000a, S. 28). Für die ausländischen Jugendlichen konstatiert Fuchs-Heinritz: »ihnen dürfte die Mischung von ökologischer Krisenerwartung, Atomkriegsangst und politischem Engagement, wie sie in den Protestbewegungen damals artikuliert und gelebt wurde, fremd sein« (a.a.O., S. 27–28.). Zwar ergibt sich anhand der Shell-Studie 2000, dass insbesondere männliche italienische und türkische Jugendliche mit schweren Herausforderungen in der Zukunft rechnen (a.a.O., S. 41); zugleich ergibt sich die Einstellung der ausländischen Jugendlichen aus dem Vergleich mit einem möglichen Lebensverlauf im Herkunftsland der Eltern. Dieser Vergleich fällt in den biografischen Skizzen der Shell-Jugendstudie 2000 zugunsten Deutschlands aus (Fuchs-Heinritz 2000c, S. 372–74). In der Folge konzipieren danach auch ausländische Jugendliche eine Lebensphase Jugend, die ihnen eine abwartende Offenheit zur Zukunft hin ermöglicht. Bei den Jugendlichen mit klarer Lebensplanung unterscheiden sich nach der Shell-Jugendstudie 2000 deutsche und ausländische Jugendliche insgesamt nicht (vgl. Fuchs-Heinritz 2000a, S. 43).

In der Zweitgenerationsforschung in der Bundesrepublik wird hingegen in der Regel von einer strukturellen Benachteiligung der »Zweiten Generation« ausgegangen (vgl. Boos-Nünning 1986; Seifert 1992), und es wird auf eine erhöhte Anomie als Folge dieser Unterprivilegierung hingewiesen (vgl. Bendit

1987; Nieke 1991; Heitmeyer 1997a). Für die Schweiz wird zwar ebenfalls die schulische und berufliche Situation der türkischen und italienischen »Zweiten Generation« als benachteiligt dargestellt (vgl. Meyer-Sabino 1987), aber die strukturelle Situation und Position der »Zweiten Generation« erscheint teilweise als verbessert gegenüber derjenigen der ersten Generation (vgl. Haug 1995). Aktuell berichtet die in der Schweiz 1997 durchgeführte Untersuchung von Oliver Hämmig und Jörg Stolz *Strukturelle (Des-)Integration, Anomie und Adaptionsformen bei der »Zweiten Generation«*, dass in der Schweiz die befragten Angehörigen der »Zweiten Generation« mehrheitlich strukturell benachteiligt und gegenüber den Schweizer Altersgenossen »desintegriert« seien (Hämmig/Stolz 2001, S. 186). Aufgrund dieser strukturellen Benachteiligung und Desintegration komme es bei der »Zweiten Generation« im Vergleich zu der schweizerischen Kontrollgruppe zu erhöhter Statusfrustration (Deprivationsanomie) sowie zu verstärkter sozialer Verunsicherung (Orientierungsanomie). Beide Formen der Anomie seien bei Angehörigen der »Zweiten Generation« mit gewissen Rückzugs- und Ethnisierungstendenzen verbunden (Hämmig/Stolz 2001, S. 194).

Seit Langem wird in der deutschen Migrationsforschung darüber diskutiert, ob es aufgrund struktureller Benachteiligung bei ausländischen Jugendlichen zu besonderen Varianten eines allgemein jugendtypischen Verhaltens komme, oder ob man von einer ausländerspezifischen Jugend-Devianz sprechen müsse. Insbesondere Franz Hamburger betont in seinen Studien über ausländische Jugendliche die Strukturen eines universalen jugendtypischen Verhaltens. Hinsichtlich der Bedingungen zur Ausbildung dieses Typus sei »nicht von ausländer-spezifischen Bedingungen, sondern allenfalls von ausländertypischen Ausprägungsmerkmalen der strukturellen Übergangssituation ›Jugend‹ auszugehen« (Hamburger et al. 1981, S. 61).

Untersuchungen vom Ende der 1990er Jahre betonen sowohl für die Bundesrepublik als auch für die Schweiz, dass die Statusfrustration und relative Deprivation im Unterschied zur ersten Generation der Arbeitsmigranten von der »Zweiten Generation« auch als solche wahrgenommen und entsprechend belastend erfahren wird (vgl. Hämmig/Stolz 2001, S. 171). Als Formen anomischer Anpassung werden im Migrationskontext beispielsweise psychosoziale Dispositionen wie Aggressivität (Portera 1995) oder Tendenzen der Selbstethnisierung sowie eine extrem starke Konzentration der Sozialkontakte auf die eigene Ethnie genannt. Lanfranchi (1993) glaubt anhand qualitativ-rekonstruktiver Untersuchungen (die er in der Schweiz gemacht hat) die Übergangsstrukturen von familialer und Schulinteraktion als Ursache der Schulprobleme der Kinder identifizieren zu können. Familienstrukturen und die damit gekoppelten Kommunikationsmodi mit der schulischen Welt werden als latente generative Strukturen für das Schulversagen der Kinder ausfindig gemacht (vgl. Apitzsch 2001a).

2. Bildungsprozesse in der Migration

Die Entdeckung der Dialektik von institutioneller Förderung ausländischer Kinder und Jugendlicher und ihrer Diskriminierung ist einer der charakteristischen Aspekte des Migrationsdiskurses in der Bundesrepublik in den 1990er Jahren. Aus dieser Entdeckung resultiert – zumeist bezogen auf das empirische Feld der Schule – eine Umkehrung der üblichen Blickrichtung auf Migrantenkinder und -jugendliche. Statt die Defizite und Benachteiligungen in der familiären Umwelt und der kulturellen Herkunft der Betroffenen zu suchen, wird »ein Erklärungsansatz ›institutioneller Diskriminierung‹ vorgeschlagen, der die bestehenden Ungleichheitsmuster in der Bildungsbeteiligung als Resultat organisatorischen Handelns konzipiert. [...] Die Mechanismen institutionalisierter Diskriminierung wirken weitgehend unabhängig von den Eigenschaften und Leistungen der SchülerInnen und den Einstellungen und Haltungen der LehrerInnen« (Gomolla/Radtke 2000, S. 321).

Vergleicht man das Übergangsverhalten von der Grundschule in weiterführende Schulen von deutschen und ausländischen Schülern im Zeitraum zwischen 1979 und 1992 (vgl. Gomolla/Radtke 2002, S. 123), so lässt sich eine Entwicklung konstatieren, die als »Normalisierung« des Bildungsverhaltens beschrieben worden ist (vgl. Klemm 1987).

Das durchschnittliche Niveau der Schulabschlüsse von Migrantenkindern in Deutschland hat sich in den vergangenen Jahren kontinuierlich erhöht. Es zeigt sich bei den ausländischen Schülern ein Trend weg von der Hauptschule hin zur Gesamtschule und zur Realschule. Dennoch konnte der Abstand zu den gleichzeitig verbesserten Schulerfolgen der deutschen SchülerInnen kaum verringert werden. Es gibt eine Reihe spektakulärer Belege für die große Differenz aller wichtigen Abschlussquoten für deutsche und nicht-deutsche Schülergruppen. Eindrucksvoll ist insbesondere der Anteil der ausländischen

Schüler an den Sonderschulen für sogenannte Lernbehinderte, der in den 1990er Jahren sogar weiter angestiegen ist und 1996 bei 6,2% der ausländischen Schüler gegenüber 3,8% der deutschen Schüler lag. Allerdings differieren die Zahlen ausländischer Sonderschüler in den verschiedenen Bundesländern erheblich (vgl. Kornmann et al. 1987). Beim Übergang von der Schule in die berufliche Ausbildung bzw. in ein weiterführendes Studium ist ähnlich wie beim Schulbesuch eine »Normalisierung« im Sinne eines »Fahrstuhleffekts« deutlich auszumachen. Einerseits haben ausländische Jugendliche – insbesondere die BildungsinländerInnen – inzwischen die deutschen Universitäten erreicht, andererseits entspricht ihr Anteil an den Studierenden und Auszubildenden bei Weitem nicht ihrem Anteil an der Wohnbevölkerung (vgl. Karakasoglu-Aydin 2000, S. 103). Während in früheren Untersuchungen (vgl. Yakut et al. 1986; Bundesanstalt 1993) die fehlende Passung zwischen der deutschen Berufsstruktur und den familialen Rahmungen, insbesondere den Rückkehrplänen, für die Benachteiligung der ausländischen Jugendlichen verantwortlich gemacht worden waren, führt eine 1996 an der Technischen Universität Berlin durchgeführte Studie zur Ausbildungsplatzsituation junger MigrantInnen (vgl. Attia et al. 2000) die Differenz zwischen der Ausbildungssituation deutscher und ausländischer Jugendlicher vor allem auf ethnische Diskriminierung durch die Betriebe einerseits, auf desillusionierende Berufsberatung andererseits zurück (Attia et al. 2000, S. 84). Besonders auffällig an der neueren Entwicklung ist die Tatsache, dass für Migrantenjugendliche einerseits das duale System den Schwerpunkt der Berufsausbildung darstellt, andererseits gerade die Benachteiligung im dualen System besonders ausgeprägt ist. Nach dem Berufsbildungsbericht 1998 nehmen rund 2/3 deutscher Jugendlicher eine Ausbildung im dualen System auf, während es bei Jugendlichen aus Migrantenfamilien lediglich 38,7% sind (Berufsbildungsbericht 1998, S. 59). Eine weitere erklärungsbedürftige Entwicklung liegt darin, dass ausländische Mädchen trotz ihrer besseren Schulabschlüsse in der Ausbildung im dualen System einen deutlich geringeren Anteil haben als ausländische Jungen (vgl. Attia et al. 2000, S. 71).

Besondere Bedeutung für die Verbesserung der Situation von BildungsinländerInnen an deutschen Universitäten hatte der »Staatsvertrag über die Vergabe von Studienplätzen«, der ab dem Wintersemester 1993/94 die Gleichbehandlung deutscher Studienbewerber mit ausländischen BewerberInnen vorsah, die das deutsche Bildungssystem durchlaufen hatten. Diese Bildungsinländer machten seit 1994 mehr als 40% der ausländischen Studierenden in Deutschland insgesamt aus. Insbesondere ist im Verlauf der 1990er Jahre der Anteil weiblicher Studierender türkischer Herkunft stark angestiegen (Karakasoglu-Aydin 2000, S. 104). Die früher geäußerte Vermutung, dass der kulturelle Hintergrund Kinder ausländischer Eltern aus den Anwerbestaaten in wenige, frauentypische Berufe dränge, hat sich bei den weiblichen Studierenden nicht bestätigt. Im Gegenteil dringen insbesondere die Bildungsinländerinnen türkischer Herkunft in stärkerem Maße als ihre deutschen Kommilitoninnen in klassische »Männerdomänen« wie Rechts- und Wirtschaftswissenschaften ein (Karakasoglu-Aydin 2000, S. 106). Dies ist umso erstaunlicher, als die BildungsinländerInnen aus den Anwerbestaaten zu 77% aus Arbeiterhaushalten stammen, während dies nur für 17% der deutschen Studierenden gilt. Wenn insgesamt der Anteil der Studierenden unter den BildungsinländerInnen noch immer weit hinter dem Anteil deutscher Studierender im Vergleich zur Gesamtbevölkerung zurückbleibt, so ist dies zweifellos einerseits den sozialen Barrieren für ausländische Arbeiterfamilien geschuldet. Andererseits ist jedoch auch zu bedenken, dass BildungsinländerInnen zunehmend von der Möglichkeit Gebrauch machen, die deutsche Staatsangehörigkeit zu erwerben. Sie fallen dann aus den Statistiken über ausländische Studierende heraus.

Ein zweifelloser Vorteil der Analyse institutioneller Diskriminierung ist es, dass die Individuen von der Bürde der ihnen zugeschriebenen Defizite befreit werden. Allerdings kann ein vereinseitigter Blick auch zu einer Festschreibung von Benachteiligung führen, da die Annahme einer rein systemfunktionalen Integration von Subjekten nun einmal auch von der Systemfunktionalität von Ungleichheit ausgeht. Entgegen einer solchen Einengung erscheint es sinnvoll, institutionelle Determinanten als Bedrohungspotential oder – wie die Biografieforschung es formuliert – als »Verlaufskurvenpotential« (Riemann/Schütze 1991) zu definieren, welches in der Tat die Lebensverläufe von Subjekten im Sinne von »trajectories« prozessiert. Solche Verlaufskurven sind von den Subjekten nicht beliebig veränderbar oder stornierbar. Dennoch muss es den Sozialwissenschaften und der Pädagogik auch darum gehen, die jeweils spezifischen Bedingungen für biografische Prozesse zu erforschen (Alheit 1994, S. 277–278; Apitzsch 1999, 2000).

Die re-konstruktive Perspektive auf öffentliche Diskurse und Institutionen hat ihren Verdienst und ihren Erkenntnisgewinn zum einen darin, dass Mechanismen der Fremd-Ethnisierung identifiziert werden können. Die

Bedeutung solcher Ethnisierungsprozesse für die Handelnden kann anhand der Rekonstruktion alltäglicher Handlungspraxis deutlich werden (Bohnsack/Nohl 1998, S. 77).

Qualitative (et al. biografienanalytische) empirische Studien beinhalten darüber hinaus die Chance, die Jugendlichen ausländischer Herkunft als handelnde, aktive Subjekte zu betrachten. »Die Perspektive wird also bewusst auch auf konstruktive und kreative Elemente in der Lebensorganisation Jugendlicher ausländischer Herkunft gerichtet« (Juhasz/May 2001, S. 208). In diesen Rekonstruktionen sollen empirisch begründete Hypothesen darüber verifiziert und verdichtet werden, »wie jene Jugendlichen, welche trotz oder vielleicht gerade wegen mangelnder Ressourcen einen beruflichen oder schulischen Aufstieg vollzogen haben, diesen begründen« (a.a.O., S. 210). Diese Verknüpfung von rekonstruktiver Biografieforschung und (teilweise auch quantitativer) Mobilitätsforschung erscheint insofern als besonders interessant, als hier die häufig gestellte Frage nach sozialer und kultureller Zugehörigkeit ausländischer Jugendlicher nicht nur im Zusammenhang mit ihrer ausländischen Herkunft, sondern ebenso im Zusammenhang ihrer sozialen Interaktion im Ankunftsland gesehen werden kann.

Eine allen quantitativen und qualitativen empirischen Studien gemeinsame Fragestellung ist diejenige nach dem kulturellen Vorwissen der Forschenden und dessen Einfluss auf die Forschungsergebnisse. Die Interaktionsbedingungen werden teilweise als Hürden und Fallen des interkulturellen Interviews wahrgenommen (vgl. Herwartz-Emden 2000, S. 65). In der Regel ist das interkulturelle Interview durch asymmetrische Strukturbedingungen charakterisiert, in denen die Angehörigen der dominanten Gruppe einer Gesellschaft Minderheiten zu Forschungszwecken befragen. Das Interview hat somit »kontrollierende und plazierende Funktionen« (a.a.O., S. 66).

Generell ist für quantitative wie qualitative Sozialforschung zu fordern, dass systematisch die Erzeugungsbedingungen der Daten reflektiert werden und das Sicheinlassen der Probanden auf die Beobachtungsweise der Forscher selbst als »Arbeitsbündnis« kritisch hinterfragt wird. Im Rahmen solcher Arbeitsbündnisse lassen sich fallrekonstruktiv generative Strukturen menschlicher Handlungen auch in verzerrten Kommunikationssituationen identifizieren. Weder werden sie vollständig durch das Konstrukt der Interviewsituation überschrieben, noch fallen subjektive Transformationspotentiale vollständig mit strukturfunktionalen Systemzusammenhängen zusammen, durch die die

Interviewsituation gerahmt ist (vgl. Apitzsch 1999b). Empirische Analysen der Situation ausländischer Kinder und Jugendlicher stützen sich dabei zunehmend auf die Methode der von Glaser und Strauss entwickelten »Grounded Theory«, die mit einer abduktiven Forschungslogik im Sinne von Peirce verbunden wird. Danach sollte weder deduktiv objektivierend aus einer generellen Kulturhypothese über die jeweilige Herkunftskultur die gesellschaftliche Orientierung der Betroffenen abgeleitet werden (vgl. Bohnsack/Nohl 2001, S. 74–75), noch reicht es aus, lediglich induktiv die sozialstrukturelle Situation ausländischer Jugendlicher in einem Gesamtbild zu erfassen und verteilungstheoretisch zu erläutern. Interkulturelle Forschung hat der Tatsache Rechnung zu tragen, dass in Migrationssituationen Innovationen geleistet und neue Lösungen hervorgebracht werden zur Überwindung von Krisen, in denen die Routinen des Alltagshandelns versagen. Es ist die Aufgabe der Forscher, konkrete Praxis als Antwort auf vorgegebene Probleme verstehen zu lernen, deren Formulierung noch aussteht.

3. Familiensituation und Gender-Differenzen

In Anknüpfung an die Untersuchung familienzentrierter Orientierungen deutscher Arbeiterjugendlicher hatte Franz Hamburger 1981 in seiner Studie über deviantes Verhalten ausländischer Jugendlicher die Vermutung geäußert, dass gerade auf der Basis einer starken Familienorientierung »generalisierte Zukunftsvorstellungen, Moralorientierung und Selbstinterpretationen« entstehen könnten (Hamburger et al. 1981, S. 77). Die Ergebnisse der von mir geführten biografischen Untersuchungen (Apitzsch 1990a) untermauern diese Hypothese auch für ausländische Jugendliche aus Migrantenfamilien. Dabei lassen sich jedoch erhebliche Geschlechterdifferenzen ausmachen. Die Möglichkeit zu einer frühen Distanzierung von der Familie ist für männliche Migrantenkinder nämlich sehr viel einfacher als für weibliche, ohne dass es dabei zu einem eklatanten Bruch mit der Familie kommen muss. Die männlichen Jugendlichen, die traditionellerweise von Pflichten und Verantwortung für die Familienarbeit freigesetzt sind, und denen von vornherein ein großer Freiraum außerhalb von Schule und Beruf eingeräumt wird, können diesen Freiraum unter den Bedingungen der Immigration meist nur in der Weise nutzen, dass sie sich in der Peergroup als Außenseiter profilieren. In meiner Untersuchung über italienische Jugendliche im Rhein-Main-Gebiet zeigte sich die genderspezifische Ausprägung einer jugendtypischen Peergroup-Orientierung bei männlichen Jugendlichen, wohingegen bei weiblichen Jugendlichen typischerweise eine familienorientierte Prägung der Jugendphase vorliegt. Familienorientierung bedeutet jedoch keineswegs eine eher traditionsorientierte Jugendphase bei weiblichen Angehörigen der »Zweiten Generation«. Es kommt vielmehr zu einer »Dialektik der Familienorientierung« (vgl. Apitzsch 1990b). Dabei zeigt sich, dass sich die Familienorientierung insbesondere ausländischer Mädchen im Verlaufe des Migrationsprozesses häufig in eine verstärkte individuelle Bildungsorientierung verwandelt, wenn zwar am Wunsch einer erfolgreichen Migration festgehalten wird, aber das Kriterium des Erfolges sich allmählich von der erfolgreichen Rückkehr in die Heimatregion auf die erfolgreiche Berufsperspektive im Aufnahmeland verlagert. Diese Bildungsorientierung der jungen Frauen wird freilich von der Aufnahmegesellschaft kaum honoriert. Wohl nicht das Normensystem einer angeblich traditionellen Frauenrolle der Herkunftsgesellschaft (vgl. Yakut et al. 1986; Bundesanstalt 1993), sondern die auf dem Arbeitsmarkt aufgerichteten Barrieren drängen Migrantinnen der »Zweiten Generation« in jene Frauenrollen zurück, die sie ihrer Intention nach gerade hatten verlassen wollen. Dies könnte erklären, dass junge Frauen der »Zweiten Generation« in der Bundesrepublik gegenüber den männlichen Jugendlichen deutliche bessere Schulerfolge aufweisen, jedoch keine entsprechende berufliche Allokation finden (vgl. Granato 1994b). Diese Situation hat sich bis Ende der 1990er Jahre nicht entscheidend verändert (Attia et al. 2000).

Es fragt sich, ob dies die einzige mögliche Erklärung für die eklatante Bildungsexklusion ausländischer männlicher Jugendlicher auch im Vergleich zu den ausländischen weiblichen Jugendlichen ist. Die drei großen Gruppen der Kinder mit den Staatsangehörigkeiten türkisch, marokkanisch und italienisch stellten im Bundesland Hessen rund 2/3 der SchülerInnenschaft der Sonderschulen für die sogenannten Lernbehinderten. »Migrantenkinder, und zwar besonders die Jungen, scheitern bereits in hoher Zahl an der ersten Hürde des Schulsystems. D.h., sie werden inzwischen zu erschreckend hohen Anteilen für nicht schulfähig erklärt ... In einzelnen Landkreisen wurden über 40% der nicht-deutschen Jungen und 11%–13% der deutschen Jungen als nicht schulfähig beurteilt, während dies auf 19% der ausländischen Mädchen, aber nur 6–7% der deutschen Mädchen zutraf« (Apitzsch 1998, S. 20).

Männliche Peergroup-Milieus etablieren sich außerhalb der »inneren Sphäre« der Familie, ohne dass sich deren langfristige biografische Relevanz verliert (Bohnsack/Nohl 2001).

3.1 Ethnizität und Gender

Muss diese Hypothese jedoch notwendig zu der Annahme führen, ausländische männliche Jugendliche tendierten vermehrt zu Gewalttätigkeit im Vergleich zu ihren Altersgenossen der Mehrheitsgesellschaft?

Gewalttätigkeit aufgrund ethnischer Konflikte wird in der Regel bei männlichen Jugendlichen aus Einwandererfamilien, insbesondere bei Jugendlichen muslimischer Religionszugehörigkeit verortet. Gewaltbereitschaft unter Jugendlichen aus Migrantenfamilien wird mit deren »kollektiv-kultureller Verankerung« begründet (Heitmeyer et al. 1997). »Jugendliche gelten insofern als Opfer der Migration ihrer Eltern, als sie sich zum einen wegen sich notwendigerweise ergebenden ›Kulturkonflikten‹ und zum anderen wegen der schwierigen Ausbildungs- und Arbeitssituation in der Bundesrepublik nicht integrieren könnten. Auf ihre Herkunftskultur zurückgeworfen, durch einen islamischen Fundamentalismus indoktriniert und ideologisiert, träten sie nun als Rächer auf« (Inowlocki 2000, S. 370). Pfeiffer und Wetzels (1999) stellen in ihrer Arbeit zu *Struktur und Entwicklung der Jugendgewalt in Deutschland* fest, es sei »wegen der starken Zuwanderung fremder Ethnien seit Ende der 1980er Jahre in Westdeutschland [...] bei der Jugendgewalt zu einem Anstieg solcher inter-ethnischen Täter-Opfer-Kombinationen gekommen« (Pfeiffer/Wetzels 1999, S. 3). Die Autoren nehmen des Weiteren an, dass »mit der ethnischen Zugehörigkeit gewaltbefürwortende Männlichkeitsvorstellungen verbunden sind« (a.a.O., S. 14). Sie knüpfen damit an die Kultur-Konflikt-These in der Migrationsliteratur der Bundesrepublik der 1970er und -80er Jahre an, welche Enkulturation als Bestandteil der Ausbildung einer nationalkulturellen »Basispersönlichkeit« verstand. Die zentrale Vorstellung einer so eingeengten Enkulturationstheorie besteht darin, dass menschliche Identität nicht ausgebildet werden kann ohne die Fixierung einer bestimmten nationalkulturellen Rolle. Diese Rolle wird als ethnisch und unveränderbar definiert (Schrader et al. 1979, S. 58).

Christian Sigrist kritisiert die rein negative Konnotation von Ethnizität. Für ihn kann Ethnizität auch eine positive Form von Selbstorganisation sein (Sigrist 1994). Sigrists Vorschlag, Ethnizität als nicht durch nationale Organisation, sondern auto-poietische Selbstorganisation geschaffene nicht-essentialistische Kollektivität zu verstehen, fand jedoch in der bundesrepublikanischen Diskussion bislang wenig Unterstützung. Ich selbst möchte anmerken (vgl. Apitzsch 1994, 1996, 1999), dass die Kritik an sogenannten »ethnischen« Orientierungen von Jugendlichen häufig die transformative Kraft von Traditionalität und Traditionsbildung in der Migration übersieht. Bohnsack und Nohl haben darauf hingewiesen, dass adoleszenz- und geschlechtsspezifische Erfahrungen in der Migration unter den Bedingungen des Verlusts tradierter Bindungen häufig den Charakter der Suche nach »habitueller Übereinstimmung« annehmen (2001, S. 77–78), welche durchaus als »Neubildung von Traditionen und Milieus« auftreten kann.

Insgesamt muss jedoch bezweifelt werden, ob eine kritische Auseinandersetzung mit Tradition angesichts einer bislang fehlenden Einwanderungspolitik in der BRD möglich ist. Thomas Faist hat in einem hochinteressanten Vergleich zwischen jungen Türken in Deutschland und Mexican Americans in den Vereinigten Staaten empirisch nachgewiesen, welche Konsequenzen die Tatsache hat, dass auch in der Bundesrepublik geborene Migranten hier in der Regel nicht citizens, sondern lediglich »denizens«, d. h. aufenthaltsberechtigte und mit sozialen Rechten versehene »Mitbürger«, aber nicht Staatsbürger sind (Faist 1995, S. 19–20). Faists Studie kommt zu dem sehr gut belegten Ergebnis, dass die höchst förderungsintensive Erziehung junger Türken in der Bundesrepublik im Ergebnis zu einem ähnlichen Exklusionsstatus in Bezug auf das Beschäftigungssystem führt wie das auf reinen Marktprozessen basierende System der Vereinigten Staaten. Ein Vergleich der Arbeitslosenraten unter jungen Türken in Deutschland und Mexican Americans in den USA im Alter zwischen 16 und 19 Jahren zeigt erstaunlich wenig Differenzen (Faist 1995, S. 141). Dies soll keineswegs heißen, dass die Lage der Mexican Americans in den USA und die Lage der türkischen Jugendlichen in der Bundesrepublik insgesamt gleich wäre. Es zeigt jedoch, dass die intensiven Fördermaßnahmen in der Bundesrepublik, die die Phase zwischen Schule und Beruf begleiten, durch Ethnisierungsstrategien und fehlende Einwanderungspolitik um entsprechende Resultate gebracht werden. Die liberalere Einwanderungspolitik in den USA gleicht die reinen Marktprozessen geschuldeten Exklusionsmechanismen in der beruflichen Sozialisation in ihren Effekten annähernd aus (Faist 1995, S. 182).

Diese plausible Erklärung von Exklusionsmechanismen in bezug auf ausländische Jugendliche im deutschen Schul- und Berufsbildungssystem erklärt freilich noch nicht die besondere schulische Randstellung *männlicher* Jugendlicher nicht-deutscher Herkunft. Es liegt daher nahe, nach den besonderen Gender-Strukturen der migrationsspezifischen Adoleszenz zu fragen.

3.2 Adoleszenz und Gender

Herwartz-Emden weist darauf hin, »dass die Entwicklung des Vaters in Verbindung mit kulturellen, sozialen und institutionellen Aspekten seiner Vaterschaft und Männlichkeit noch weitgehend unerforscht ist« (Herwartz-Emden 2000, S. 44). Was wir aus biografischen Forschungen lediglich wissen, ist die Tatsache, dass die Stellung der Mütter in Migrationsfamilien strukturell gestärkt, die der Väter jedoch geschwächt wird (vgl. Apitzsch 1990a). Frauen erobern sich in der Migration neben dem Bereich der Familie auch den der Berufswelt, während die beruflichen Fähigkeiten der männlichen Migranten fast immer eine Abwertung erfahren. Kinder erleben häufig, dass ihre Väter durch Krankheit oder Änderungen in der industriellen Struktur arbeitslos werden und damit die Grundlage ihrer Anerkennung verlieren. Es ist bislang jedoch kaum erforscht worden, welche Konsequenzen dies für die Sozialisation der männlichen Jugendlichen hat. Gündüz (1985) äußerte die Vermutung, dass Väter in der Familie eine Anerkennung suchen, die sie in der Außenwelt verloren haben, daher besonders streng an traditionelle Normen anknüpfen. Damit ist jedoch noch nicht die unterschiedliche Reaktion von Söhnen und Töchtern und ihre Auswirkung auf das Bildungsverhalten erklärt. Sven Sauter (2000) entwickelte eine Hypothese für die unterschiedliche geschlechtsspezifische Verarbeitung der Enttäuschungen der »bedürftigen Väter« in der nächsten Generation: Während Töchter die Väter zu entlasten versuchen, wenden Söhne ihre Aggression nach außen und setzen damit für sich selbst negative Verläufe in Gang (Sauter 2000, S. 255).

An einer Theorie weiblicher Adoleszenz in der Migration versucht sich Elisabeth Rohr anhand ethnopsychoanalytischer Gespräche mit fünf jungen Migrantinnen aus Marokko, der Türkei, Eritrea und Ex-Jugoslawien zu nähern

(Rohr 2001). Sie geht dabei zunächst von der Revision traditioneller Theoriekonzepte aus, die die weibliche Adoleszenz in Analogie zur männlichen als Dichotomie von Autonomie und Bindung konzipiert hatten. Charakteristisch für die weibliche Identitätsbildung sei vielmehr (im Anschluss an Flaake/King 1992 et al.) die Orientierung auf die Vereinbarkeitsproblematik von Beruf und Familie. Gilligan habe bereits 1984 die Erkenntnis formuliert, dass die Bindung zwischen Müttern und Töchtern auch durch die Turbulenzen der Adoleszenz nicht unterbrochen werde. Rohr stellt nun die Frage, wie sich die migrationsspezifischen Erfahrungen auf weibliche Adoleszenz auswirken. Anhand der Analyse eines Interviews kommt sie zu dem erstaunlichen Ergebnis, dass die »Adoleszenz regressiv an[mutet]. Vieles deutet darauf hin, dass [die] adoleszente Entwicklung stark beeinflusst wurde von [der] frühen Trennung von den Eltern« (Rohr 2001, S. 150). Diese Entdeckung führt zu einem wiederkehrenden Muster in den anderen Interviews. »Es verstärkt sich also der Eindruck, dass Migrationserfahrungen in erheblichem Umfang das Aufbrechen adoleszenter Entwicklungsprozesse verhindern oder zumindest behindern« (Rohr 2001, S. 152). Hoch identifiziert mit den unerfüllten Lebensträumen der Mütter (Rohr 2001, S. 155) erfüllten die jungen Migrantinnen die hohen Bildungsideale der Familien, »wobei sich das für die Adoleszenz typische Experimentieren und Fantasieren hier ausdrücklich nur auf die Ebene von Bildung und Ausbildung bezieht und alle anderen Bereiche ausklammert« (Rohr 2001, S. 157). Die Bindung an die Mütter wird also in der migrationsspezifischen Adoleszenz als »das größte Handicap für eine unabhängige, emanzipatorische Identitätsentwicklung« gesehen, »da adoleszente Reifungsprozesse aufgespalten und im Bereich persönlicher Identität auf einem regressiv-infantilen Niveau eingefroren werden« (Rohr 2001, S. 159). Rohr kommt also zu dem Ergebnis, dass der scheinbare Vorteil der Mädchen im Hinblick auf Bildungserfolge erkauft ist durch den regressiven Verzicht auf eine »normale Adoleszenz« (Rohr 2001, S. 147).

Diese Argumentation kann aus zwei Gründen nicht überzeugen: Zum einen führt sie weibliche Adoleszenz in der Migration auf das übliche Defizit-Schema zurück und verkehrt damit gerade die enormen Bildungserfolge weiblicher Migrantinnen; zum anderen macht sie letztlich die konflikthaften Ablösungsprozesse in der männlichen Adoleszenz doch wieder zur Norm. Plausibler scheint es mir zu sein, den Weg zu verfolgen, den Catherine Delcroix bei ihrer minutiösen Analyse der Beziehungen in der »Famille Nour«, einer aus dem

Maghreb zugewanderten Berber-Familie in Frankreich, gewählt hat (Delcroix 2001). Sie verfolgt den Weg der acht Kinder, Jungen und Mädchen, die unter den gleichen Migrationsbedingungen aufgewachsen sind und doch unterschiedlichste Wege in der Ankunftsgesellschaft eingeschlagen haben. Während die Mädchen anspruchsvolle Bildungskarrieren machen und professionelle Berufe ergreifen, kommen die Jungen fast ausnahmslos mit dem Gesetz in Konflikt und werden von der Mutter und den Schwestern in ihren diskontinuierlichen biografischen Phasen betreut. Delcroix erklärt den Erfolg der Mädchen aus dem kontinuierlichen Gespräch mit der Mutter, einer Analphabetin, die den Mädchen den Weg zu generalisierenden Urteilen, der Auseinandersetzung mit dem »generalized other« erlaubt. Die Gender-Rolle, die den Jungen sowohl von der Herkunftsgesellschaft als auch von der latent kolonialen Traditionen verhafteten Ankunftsgesellschaft aufgenötigt wird, verhindert nach Delcroix dieses Gespräch. Es ist gerade ihre Positionierung gegenüber Herkunfts- und Ankunftsgesellschaft, die den männlichen Jugendlichen die Adoleszenz als Möglichkeitsraum (King 2002) verstellt. Wir finden hier einen ähnlichen paradoxen Verlauf von Adoleszenzprozessen, wie ihn Autoren des CCCS, allen voran Willis in seiner Studie »How working class kids get working class jobs« (Willis 1979) untersucht hatten. Es ist gerade das Muster adoleszenten Widerstandes, das diese männlichen Jugendlichen in der gesellschaftlichen Unterschichtungsposition festhält, die ihre Väter innegehabt hatten.

Schlussfolgerungen und Ausblick

Wir hatten eingangs gefragt, ob es sinnvoll ist, den Begriff der »Zweiten Generation« von Migranten weiterhin zu verwenden und anhand dieses Begriffs Problemlagen von Migrantenjugendlichen zu erschließen. Tatsächlich haben unsere Überlegungen ergeben, dass es gerade dieser Begriff ist, der die besondere Positionierung von Kindern nicht-deutscher Eltern in der Ankunftsgesellschaft zu interpretieren erlaubt. Wir haben dabei im Besonderen festgestellt, dass es die Positionierung männlicher Migrantenjugendlicher ist, die bei ansonsten gleichen strukturellen Zugangsbedingungen zu Friktionen in der Ankunftsgesellschaft führt. Freilich sind es nicht alle männlichen Migrantenjugendlichen, die aufgrund ihrer Gender-Rolle am Bildungsaufstieg gehindert werden. Auch männliche Jugendliche und junge Erwachsene der

»Zweiten Generation« sind heute in großer Zahl in den Universitäten der Aufnahmegesellschaften angekommen. Es mag ihren zukünftigen Forschungen vorbehalten bleiben, uns notwendige weitere Informationen über die besonderen Prozesse männlicher Adoleszenz in der Migration zukommen zu lassen.

Literatur

Alheit, P. (1994): Taking the Knocks. Youth Unemployment and Biography – A Qualitative Analysis. London (Cassell).

Apitzsch, G. (1998): Situationsbericht zu Sonderschulen; Daten und Fakten. In: Kommunale Ausländerinnen- und Ausländervertretung (KAV) der Stadt Frankfurt am Main (Hg.): Sonderschulen – Schulen für Migrantenkinder? Hintergründe einer Problematik; Möglichkeiten der Prävention. Godesberg (Forum-Verlag), S. 15–21.

Apitzsch, U. (1990a): Migration und Biographie. Zur Konstitution des Interkulturellen in den Bildungsgängen junger Erwachsener der 2. Migrantengeneration. Bremen (Habilitationsschrift).

Apitzsch, U. (1990b): Besser integriert und doch nicht gleich. Bildungsbiographien jugendlicher Migrantinnen als Dokumente widersprüchlicher Modernisierungsprozesse. In: Rabe-Kleberg, U. (Hg.): Besser gebildet und doch nicht gleich! Frauen und Bildung in der Arbeitsgesellschaft. Bielefeld (Kleine), S. 197–217.

Apitzsch, U. (1992): Jugendkultur und Ethnizität. In: Brähler, R.; Dudek, P. (Hg.): Fremde – Heimat. Neuer Nationalismus versus interkulturelles Lernen – Probleme politischer Bildungsarbeit. Frankfurt/M. (IKO), S. 153–183.

Apitzsch, U. (1994): Migration und Ethnizität. In: Kössler, R.; Schiel, T. (Hg.): Nationalstaat und Ethnizität. Frankfurt/M. (IKO), S. 161–178.

Apitzsch, U. (1996a): Biographien und berufliche Orientierung von Migrantinnen. In: Kersten, R. et al. (Hg.): Ausbilden statt Ausgrenzen. Jugendliche ausländischer Herkunft in Schule, Ausbildung und Beruf. Frankfurt/M. (Haag und Herchen), S. 133–148.

Apitzsch, U. (1996b): Migration und Traditionsbildung. Biographien Jugendlicher ausländischer Herkunft. In: Karpf, E.; Kiesel, D. (Hg.): Politische Kultur und politische Bildung Jugendlicher ausländischer Herkunft. Frankfurt/M. (Haag und Herchen), S. 11–30.

Apitzsch, U. (1997): Interkulturelle Arbeit: Migranten, Einwanderungsgesellschaft, interkulturelle Pädagogik. In: Krüger, H.-H.; Rauschenbach, T. (Hg.): Einführung in die Arbeitsfelder der Erziehungswissenschaft. 2. Aufl. Opladen (Leske & Budrich), S. 251–268.

Apitzsch, U. (Hg.) (1999a): Migration und Traditionsbildung. Opladen (Westdeutscher Verlag).

Apitzsch, U. (1999b): Biographieforschung und interkulturelle Pädagogik. In: Krüger, H.-H.; Marotzki, W. (Hg.): Handbuch erziehungswissenschaftliche Biographieforschung. Opladen (Leske & Budrich), S. 471–486.

Apitzsch, U. (2000): Biographische »Unordnung« und »Caring Work«. Die Entdeckung der strukturellen »Unangemessenheit« weiblicher Migrationsbiographien. In: Feministische Studien exrea/2000.

Apitzsch, U. (2001a): Begegnung mit dem Fremden (Sammelrezension), in: ZBBS. Zeitschrift für qualitative Bildungs-, Beratungs- und Sozialforschung, H. 1, S. 133–137.

Apitzsch, U. (2001b): Leben in der Stadt: Der »Modernisierungsvorsprung« der allochthonen Bevölkerung. In: Bukow, W.-D. et al. (Hg.): Auf dem Weg zur Stadtgesellschaft. Die multikulturelle Stadt zwischen kultureller Neuorientierung und Restauration. Opladen (Leske & Budrich), S. 44–58.

Attia, I.; Aziz, L.; Marburger, H. & Menge, J. (2000): Ausbildungsplatzsuche. In: Attia, I.; Marburger, H. (Hg.): Alltag und Lebenswelten von Migrantenjugendlichen. Frankfurt/M. (IKO), S. 71–100.

Auernheimer, G. (1988): Der sogenannte Kulturkonflikt. Orientierungsprobleme ausländischer Jugendlicher. Frankfurt/M. (Campus).

Auernheimer, G. (1990): Interkulturelle Erziehung. Darmstadt (Wiss. Buchgesellschaft).

Auernheimer, G. (1990): Jugendliche türkischer Herkunft in der Bundesrepublik Deutschland – Ethnizität, Marginalität und Interethnische Beziehungen. In: Krüger, H.H. et al. (Hg.): Kindheit und Jugend im interkulturellen Vergleich. Opladen (Westdeutscher Verlag), S. 229–243.

Beer-Kern, D. (1994): Schulbildung junger Migranten. Berlin, Bonn (BIBB).

Bender-Schymanski, D.; Hesse, H.-G. (1987): Migrantenforschung. Eine kritische Analyse deutschsprachiger empirischer Untersuchungen aus psychologischer Sicht. Köln (Boehlau).

Bendit, R. (1987): Zweite-Generations-Forschung: Lebenslage und Sozialisation ausländischer Jugendlicher. In: Deutsches Jugendinstitut (Hg.): Ausländerarbeit und Integrationsforschung – Bilanz und Perspektiven. Weinheim, München (Juventa), S. 123–136.

Bohnsack, R.; Nohl, A.-M. (1998): Adoleszenz und Migration – empirische Zugänge einer praxeologisch fundierten Wissenssoziologie. In: Bohnsack, R.; Marotzki, W. Opladen (Leske & Budrich).

Bohnsack, R.; Nohl, A.-M. (2001): Allochthone Jugendcliquen. Die adoleszenz- und migrationsspezifische Suche nach habitueller Übereinstimmung. In: Bukow, W.-D. et al. (Hg.): Auf dem Weg zur Stadtgesellschaft. Die multikulturelle Stadt zwischen kultureller Neuorientierung und Restauration. Opladen (Westdeutscher Verlag), S. 73–93.

Bommes, M.; Dewe, B. & Radtke, F.-O. (1996): Sozialwissenschaften und Lehramt. Opladen (Leske & Budrich).

Bommes, M. (1993): Migration und Sprachverhalten. Eine ethnographisch-sprachwissenschaftliche Fallstudie. Wiesbaden (DUV).

Boos-Nünning, U.; Neumann, U.; Reich, H. & Yakut, A. (1986): Zwischen Elternhaus und Arbeitsamt. Türkische Jugendliche suchen einen Beruf. Berlin (Express Edition).

Boos-Nünning, U.; Nieke, W. (1982): Orientierungs- und Handlungsmuster türkischer Jugendlicher zur Bewältigung der Lebenssituation in der Bundesrepublik. In: psychosozial 16.

Bukow, W.-D. (1999): Die Alltagssituation allochthoner Jugendlicher. Wege aus einer kulturalistisch reduzierten Minderheitenforschung am Beispiel der allochthonen Jugendlichen. In: Bukow, W.-D.; Ottersbach, M. (Hg.) (1999), S. 267–287.

Bukow, W.-D.; Llaryora, R. (1988): Mitbürger aus der Fremde. Soziogenese ethnischer Minoritäten. Opladen (Westdeutscher Verlag), S. 75.

Bukow, W.-D.; Ottersbach, M. (Hg.) (1999): Der Fundamentalismusverdacht. Plädoyer für eine

Neuorientierung der Forschung im Umgang mit allochthonen Jugendlichen. Opladen (Leske & Budrich).

Bukow, W.-D.; Nikodem, C.; Schulze, E. & Yildiz, E. (Hg.) (2001): Auf dem Weg zur Stadtgesellschaft. Die multikulturelle Stadt zwischen globaler Neuorientierung und Restauration. Opladen (Leske & Budrich).

Bundesanstalt für Arbeit (Hg.) (1993): Jugendliche ausländischer Herkunft vor der Berufswahl. Handbuch für die Berufsberatung. Nürnberg (BfA).

CCCS (Hg.) (1982): The Empire Strikes Back. Birmingham.

Czock, H. (1993): Der Fall Ausländerpädagogik. Erziehungswissenschaftliche und bildungspolitische Codierung der Arbeitsmigration. Frankfurt/M. (Cooperative-Verlag).

Dannenbeck, C.; Lösch, H. (2001): Reflexionen urbanen Zusammenlebens Jugendlicher in einem Münchner Stadtteil. In: Bukow, W.-D. et al. (Hg.): Auf dem Weg zur Stadtgesellschaft. Die multikulturelle Stadt zwischen kultureller Neuorientierung und Restauration. Opladen (Leske & Budrich), S. 59–72.

Dannenbeck, C.; Eßer, F. & Lösch, H. (1999): Herkunft (er)zählt. Befunde über Zugehörigkeit Jugendlicher. Münster, New York, München, Berlin (Waxmann).

Dannenbeck,C.; Lösch, H. (2000): Zugehörigkeiten als Verhandlungsgegenstand – Ein Beitrag zur Entmythologisierung von Ethnizität. In: Gogolin, I.; Nauck, B. (Hg.): Migration, gesellschaftliche Differenzierung und Bildung. Opladen (Leske & Budrich), S. 113–127.

Deutsche Shell (Hg.) (2000): Jugend 2000, 13. Shell-Jugendstudie. 2 Bände, Opladen (Leske & Budrich).

Delcroix, C. (2001): Ombres et Lumières de la Famille Nour. Paris (Payot).

Dittrich, E.; Lenz, A. (1994): Die Fabrikation von Ethnizität. In: Kössler, R.; Schiel, T. (Hg.): Nationalstaat und Ethnizität. Frankfurt/M. (IKO), S. 23–43.

Faist, T. (1995): Social Citizenship for Whom? Young Turks in Germany and Mexican Americans in the United States. Aldershot (Avebury).

Flaake, K.; King, V. (Hg.) (1992): Weibliche Adoleszenz. Zur Sozialisation junger Frauen. Frankfurt/M. (Suhrkamp).

Frankenberg, G. (1993): Zur Alchemie von Recht und Fremdheit. Die Fremden als juridische Konstruktion. In: Balke, F. (Hg.): Schwierige Fremdheit. Über Integration und Ausgrenzung in Einwanderungsländern. Frankfurt/M. (Fischer TB), S. 41–67.

Fuchs-Heinritz, W. (2000a): Zukunftsorientierungen und Verhältnis zu den Eltern. In: Deutsche Shell (Hg.): Jugend 2000, 13. Shell-Jugendstudie. Opladen (Leske & Budrich), Bd. 1, S. 23–92.

Fuchs-Heinritz, W. (2000b): Religion. In: Jugend 2000, 13. Shell-Jugendstudie. Opladen (Leske & Budrich), S. 157–180.

Fuchs-Heinritz, W. (2000c): Lebensentwürfe: Eindrücke aus dem qualitativen Material. In: Deutsche Shell (Hg.): Jugend 2000, 13. Shell-Jugendstudie. Opladen (Leske & Budrich), Bd. 2, S. 371–395.

Gogolin, I.; Nauck, B. (Hg.) (2000): Migration, gesellschaftliche Differenzierung und Bildung. Resultate des Forschungsschwerpunktprogramms FABER. Opladen (Leske & Budrich).

Gomolla, M.; Radtke, F.-O. (2000): Mechanismen institutionalisierter Diskriminierung in der

Schule. In: Gogolin, I.; Nauck, B. (Hg.): Migration, gesellschaftliche Differenzierung und Bildung. Resultate des Forschungsschwerpunktprogramms FABER. Opladen (Leske & Budrich), S. 321–341.

Gomolla, M.; Radtke, F.-O. (2002): Institutionelle Diskriminierung. Die Herstellung ethnischer Differenz in der Schule. Opladen (Leske & Budrich).

Granato, M. (1994a): Bildungs- und Lebenssituation junger Italiener. Berlin, Bonn (Bertelsmann).

Granato, M.; Meissner, V. (1994b): Hochmotiviert und abgebremst. Junge Frauen ausländischer Herkunft in der Bundesrepublik Deutschland. Berlin, Bonn (Bertelsmann).

Gültekin, N. (2003): Bildung, Autonomie, Tradition und Migration. Doppelperspektivität biographischer Prozesse junger Frauen aus der Türkei. Opladen (Leske & Budrich).

Gündüz, V. (1985): Wir haben unsere Stimme noch nicht laut gemacht. Türkische Arbeiterkinder in Europa. Feldsberg, Istanbul (res Publicae).

Gutiérrez Rodríguez, E. (1999): Intellektuelle Migrantinnen – Subjektivitäten im Zeitalter von Globalisierung. Eine postkoloniale dekonstruktive Analyse von Biographien im Spannungsverhältnis von Ethnisierung und Vergeschlechtlichung. Opladen (Leske & Budrich).

Hamburger, F.; Seus, L. & Wolter, O. (1981): Zur Delinquenz ausländischer Jugendlicher. Wiesbaden.

Hamburger, F. (1994): Pädagogik der Einwanderungsgesellschaft. Frankfurt/M. (Cooperative-Verlag).

Hämmig, O.; Stolz, J. (2001): Strukturelle (Des)Integration, Anomie und Adaptionsformen bei der 2. Generation. In: Hoffmann-Nowotny, H.-J. (Hg.): Das Fremde in der Schweiz, Zürich (Seismo), S. 163–196.

Haug, W. (1995): Vom Einwandererland zur multikulturellen Gesellschaft. Grundlagen für eine schweizerische Migrationspolitik. Bern (Bundesamt für Statistik).

Heitmeyer, W. (1997a): Gesellschaftliche Integration, Anomie und ethnisch-kulturelle Konflikte. In: Heitmeyer, W. (Hg.): Was treibt die Gesellschaft auseinander? Bundesrepublik Deutschland: Auf dem Weg von der Konsens- zur Konfliktgesellschaft. Frankfurt/M. (Suhrkamp).

Heitmeyer, W.; Müller, J. & Schröder, H. (1997b): Verlockender Fundamentalismus. Türkische Jugendliche in Deutschland. Frankfurt/M. (Suhrkamp).

Helsper, W. (Hg.) (1991): Jugend zwischen Moderne und Postmoderne. Opladen (Leske & Budrich).

Helsper, W.; Müller, H.; Nölke, E. & Combe, A. (1991): Jugendliche Außenseiter. Zur Rekonstruktion scheiternder Bildungs- und Ausbildungsverläufe. Opladen (Westdeutscher Verlag).

Herwartz-Emden, L. (Hg.) (2000): Einwandererfamilien: Geschlechterverhältnisse, Erziehung und Akkulturation. Osnabrück (Universitäts-Verlag).

Herwartz-Emden, L.; Westphal, M. (2000): Methodische Fragen in interkulturellen Untersuchungen. In: Gogolin, I.; Nauck B. (Hg.): Migration, gesellschaftliche Differenzierung und Bildung. Resultate des Forschungsschwerpunktprogramms FABER. Opladen (Leske & Budrich), S. 53–75.

Hewitt, R. (1990): Inter-ethnische Beziehungen von Jugendlichen und die Bedeutung der Sprache in ethnisch gemischten Jugendgruppen in Großbritannien. In: Krüger, H.H. et al.

(Hg.): Kindheit und Jugend im interkulturellen Vergleich. Opladen (Leske & Budrich), S. 245–256.

Hofmann-Nowotny, H.-J. (Hg.) (2001): Das Fremde in der Schweiz. Ergebnisse soziologischer Forschung. Zürich (Seismo).

Hummrich, M. (2002): Bildungserfolg und Migration. Biographien junger Frauen in der Einwanderungsgesellschaft. Opladen (Leske & Budrich).

Hurrelmann, K. (1995): Lebensphase Jugend. Eine Einführung in die sozialwissenschaftliche Jugendforschung. Weinheim, München, (Juventa) 4. Aufl.

Inowlocki, L. (2000): Sich in die Geschichte hineinreden. Biographische Fallanalysen rechtsextremer Gruppenzugehörigkeit. Frankfurt/M. (Cooperative-Verlag).

Jakobs, H. (1982): Ein- und Beschulungsmodelle für ausländische Kinder und Jugendliche in der Bundesrepublik Deutschland. In: DJI-Materialien München (DJI).

Jones, S. (1988): Black Culture, White Youth: The Reggae Tradition from JA to UK. London (Macmillan).

Juhasz, A.; May, E. (2001): Die zweite Ausländergeneration erzählt: Zur Lebenssituation der Zweiten Generation im Kanton Zürich. In: Hofmann-Nowotny, H.-J. (Hg.): Das Fremde in der Schweiz. Ergebnisse soziologischer Forschung. Zürich (Seismo), S. 208–228.

Karakasoglu-Aydin, Y. (2000): Studentinnen türkischer Herkunft an deutschen Universitäten unter besonderer Berücksichtigung der Studierenden pädagogischer Fächer. In: Attia, I.; Marburger, H. (Hg.): Alltag und Lebenswelten von Migrantenjugendlichen. Frankfurt/M. (IKO), S. 101–126.

Kiesel, D. (1996): Das Dilemma der Differenz. Zur Kritik des Kulturalismus der Interkulturellen Pädagogik. Frankfurt/M. (Cooperative-Verlag).

King, V. (2002): Die Entstehung des Neuen in der Adoleszenz. Individuation, Generativität und Geschlecht in modernisierten Gesellschaften. Opladen (Leske & Budrich).

Klemm, K. (1987): Die Bildungs(be)nachteiligung ausländischer Schüler in der BRD. In: Westermanns pädagogische Beiträge 39 Hamburg (Pädagogischer Verlag), S. 18–21.

Kornmann, R. (1987): Die Problematik des Sonderschulaufnahmeverfahrens für ausländische Kinder und Ansätze zur Lösung. In: Buchkreemer, H.; Emmerich, M. (Hg.): Ausländerkinder. Sonder- und sozialpädagogische Fragestellungen. Rissen (EB-Verlag), S. 148–163.

Lajios, K. (Hg.) (1991): Die zweite und dritte Ausländergeneration. Ihre Situation und Zukunft in der Bundesrepublik Deutschland. Opladen (Leske & Budrich).

Lanfranchi, A. (1993): Immigranten und Schule. Opladen (Leske & Budrich).

Leschinsky, A. (1989): Türkische Schüler in der Bundesrepublik Deutschland: Familienmigration, Trennungserfahrungen und Schulsituation. In: Zeitschrift für Pädagogik 35, H. 3, 313–328.

Lutz, H. (2000): Biographisches Kapital als Ressource der Bewältigung von Migrationsprozessen. In: Gogolin, I.; Nauck, B. (Hg.): Migration, gesellschaftliche Differenzierung und Bildung. Resultate des Forschungsschwerpunktprogramms FABER Opladen (Leske & Budrich), S. 179–210.

Martini, C. (2001): Italienische Migranten in Deutschland. Transnationale Diskurse. Berlin (Reimer).

Meyer-Sabino, G. (1987): La generazione della sfida quotidiana. Studio sulla condizione dei giovani italiani in Svizzera. Zürich (ENAIP).

Nauck, B. (1988): 20 Jahre Migrantenfamilien in der Bundesrepublik. Familiärer Wandel zwischen Situationsanpassung, Akkulturation und Segregation. In: Nave-Herz, R. (Hg.): Wandel und Kontinuität der Familie in der Bundesrepublik Deutschland. Stuttgart (Enke), S. 279–297.

Neumann, U. (1997): An der ›Schwelle‹. Die Rolle der Mehrsprachigkeit beim Übergang von der Grundschule in die Sekundarstufe. In: Neumann, U.; Gogolin, I. (Hg.): Großstadt-Grundschule. Eine Fallstudie über sprachliche und kulturelle Pluralität als Bedingung der Grundschularbeit. Münster (Waxmann), S. 251–310.

Nieke, W. (1991): Situation ausländischer Kinder und Jugendlicher in der Bundesrepublik Deutschland: Vorschule, Schule, Berufsausbildung, Freizeit, Kriminalität. In: Lajios, K. (Hg.): Die zweite und dritte Ausländergeneration. Ihre Situation und Zukunft in der Bundesrepublik Deutschland. Opladen (Leske & Budrich), S. 13–41.

Nohl, A.-M. (2001): Migration und Differenzerfahrung. Junge Einheimische und Migranten im rekonstruktiven Milieuvergleich. Opladen (Leske & Budrich).

Pfeiffer, C.; Wetzels, P. (1999): Zur Struktur und Entwicklung der Jugendgewalt in Deutschland. In: Aus Politik und Zeitgeschichte 26, 1–22.

Portera, A. (1995): Interkulturelle Identitäten. Faktoren der Identitätsbildung Jugendlicher italienischer Herkunft in Südbaden und in Süditalien. Köln (Boehlau).

Pott, A. (2002): Ethnizität und Raum im Aufstiegsprozess: Eine Untersuchung zum Bildungsaufstieg in der zweiten türkischen Migrantengeneration. Opladen (Leske & Budrich).

Riemann, G.; Schütze, F. (1991): »Trajectory« as a Basic Theoretical Concept for Suffering and Disorderly Social Processes. In: Maines, D. (Hg.): Social Organisation and Social Process. Essays in Honour of Anselm Strauss. New York (deGruyter).

Riesner, S. (1995): Junge türkische Frauen der zweiten Generation in der Bundesrepublik Deutschland. Eine Analyse von Sozialisationsbedingungen und Lebensentwürfen anhand lebensgeschichtlich orientierter Interviews. 3. Aufl., Frankfurt/M. (IKO).

Rohr, Elisabeth (2001): Die Liebe der Töchter: Weibliche Adoleszenz in der Migration. In: Sturm, G. et al. (Hg.): Zukunfts(t)räume. Geschlechterverhältnisse im Globalisierungsprozess. Königstein/Ts. (Ulrike Helmer), S. 138–162.

Rommelspacher, B. (2000): Politische Orientierungen von Jugendlichen in der Einwanderungsgesellschaft. Rechtsextremismus und islamischer Fundamentalismus in der Diskussion. In: Fechler, B. et al. (Hg.): »Erziehung nach Auschwitz« in der multikulturellen Gesellschaft. Pädagogische und soziologische Annäherungen. Weinheim, München (Juventa), S. 95–117.

Sauter, S. (2000): Wir sind »Frankfurter Türken«. Adoleszente Ablösungsprozesse in der deutschen Einwanderungsgesellschaft. Frankfurt/M. (Brandes & Apsel).

Schrader, A.; Nickles, B. & Griese, H. (1979): Die Zweite Generation. Sozialisation und Akkulturation ausländischer Kinder in der Bundesrepublik. 2. Aufl. Kronberg (Athenaeum).

Seifert, W. (1992): Die 2. Ausländergeneration in der Bundesrepublik. Längsschnittbeobachtungen in der Berufseinstiegsphase. In: Kölner Zeitschrift für Soziologie und Sozialpsychologie 44, 677–696.

Sigrist, Chr. (1994): Ethnizität als Selbstorganisation. In: Kössler, R.; Schiel, T. (Hg.): Nationalstaat und Ethnizität. Frankfurt/M. (IKO), S. 45–55.

Tertilt, H. (1996): Turkish Power Boys. Ethnographie einer Jugendbande. Frankfurt/M. (Suhrkamp).

Willis, P. (1979): Spaß am Widerstand (engl.: How working class kids get working class jobs). Frankfurt/M.

Wilpert, C. (1980): Die Zukunft der Zweiten Generation. Erwartungen und Verhaltensmöglichkeiten ausländischer Kinder, Königstein/Ts. (Hain).

Yakut, A.; Reich, H. H.; Neumann, U. & Boos-Nünning, U. (1986): Zwischen Elternhaus und Arbeitsamt. Türkische Jugendliche suchen einen Beruf. Berlin (Express Edition).

Zehnbauer, A. (1984): Vorschul- und Elementarerziehung. In: Handwörterbuch Ausländerarbeit. Weinheim/Basel (Beltz), S. 338–344.

Glück und Unglück in der Emigration

Mario Erdheim

Migrationsbewegungen gehören in all ihrer Vielfalt zu den elementaren Prozessen der Geschichte. Ob es die Wanderungen waren, die zur Besiedlung der Kontinente geführt haben – wir kommen alle out of Africa – ob es koloniale oder imperiale Eroberungen, Flucht oder exotische Sehnsüchte waren – Emigration und Immigration sind Geschichte. Die theoretische Annäherung an die Migrationsbewegungen ist in erster Linie durch die Katastrophen des 20. Jahrhunderts bestimmt worden und rückt die traumatisierenden Wirkungen der Verfolgungen in den Vordergrund. Wer sich mit der Psychologie der Emigration beschäftigte, war in erster Linie an den Wunden und Verletzungen interessiert. Hannah Arendt hat in ihrem Buch *Elemente und Ursprünge totaler Herrschaft* (1955) den »Niedergang des Nationalstaates und das Ende der Menschenrechte«, welche die katastrophischen Migrationsbewegungen auslösten, eindrücklich beschrieben. Die Psychologie und insbesondere die Psychoanalyse untersuchten eingehend, wie der Emigrationsschock von Generation zu Generation weitergegeben wird und das Leben der Individuen weit über die eigentliche Zeit der Katastrophe hinaus bestimmt.

Migrationsbewegungen sind jedoch nicht nur Ursache und Folge kultureller Katastrophen. Zwar sind sie immer Ergebnis von Not, es kann aber auch eine lediglich subjektiv erfahrene Not sein. Weil sich zum Beispiel die Quäker den Anforderungen der englischen Gesellschaft nicht beugen wollten, die anglikanische Staatskirche anzuerkennen, weil sie den Kriegsdienst ablehnten, keine Eide abzulegen bereit waren und weitere gesellschaftliche Regeln nicht einhielten, wurden sie verfolgt und entschlossen sich zur Emigration. Nicht gemäß ihrer religiösen Ideale leben zu können, brachte sie in größere innere Not als die Mühsal der Emigration. Wenn Glück – zumindest ein Aspekt des Glücks – darin besteht, ein Leben gemäß den eigenen Idealen, also im Einklang mit dem Über-Ich und Ich-Ideal, leben zu können, dann kann die Emigration eine Möglichkeit zu einem solchen Glück eröffnen. Wir stoßen hier auf eine Kraft, die aus der Emigrationstheorie oft herausfällt: auf das Verlangen nach einem besseren Leben. Ich gehe also der Frage nach, ob dieses Verlangen nicht auch ein Grundmotiv einer jeden Emigration darstellt. Auch wer verfolgt wurde, fliehen und unfreiwillig in der Fremde ein neues Leben aufbauen musste, hofft, dass es ihm gelingen werde, ein besseres Leben zu führen, als einst vor der Flucht und Auswanderung. Ein besseres Leben heißt: dem, was man als ideal erachtet, in Beziehungen mit anderen Menschen nachleben zu können.

Meine Fragestellung macht den einen oder andren von Ihnen vielleicht misstrauisch. Soll es etwa darum gehen *Gutes* im Schlimmen zu finden, um sich so über die Katastrophen unserer Zeit hinwegzutrösten? Meine Absicht ist eine andere, und ich möchte sie anhand eines Beispiels erläutern: Geht man davon aus, dass die Ablösung von der Familie und der damit verbundene Generationskonflikt eine von Eltern und Kindern vermeidbare schmerzhafte Erfahrung ist, dann wird man sie in ihren psychischen Auswirkungen anders beurteilen, als wenn man annimmt, dass es sich hierbei um notwendige Entwicklungen handelt. Auf das Problem der Migrationen übertragen, möchte ich überlegen, inwiefern es sinnvoll ist, anzunehmen, dass Migrationen kulturelle Prozesse sind, die zur Entwicklung des Menschen gehören. Ähnlich wie die Adoleszenzkrise beim Individuum, führen auch Migrationsprozesse zur Schaffung neuer kultureller Konstellationen und zum Wandel der sinngebenden Strukturen der darin involvierten Gesellschaften. Wir fragen also nach dem Veränderungspotential der Migrationsprozesse.

1. Emigration

Erlauben Sie mir, von meinen eigenen Erfahrungen auszugehen. Wenn ich an meine Kindheit in Quito, Ecuador zurückdenke, so erinnere ich mich, dass wir uns als Emigranten verstanden, nicht als Flüchtlinge. Im Wort Emigrant liegt mehr Würde, es hat ja auch mit *wandern* zu tun, während man sich den Flüchtling immer rennend und atemlos vorstellt.

Ich habe mir Gedanken gemacht, was es heißt, – wie ich – in einem Milieu von Flüchtlingen aufzuwachsen. Lassen Sie mich vorausschicken, dass es sich um Flüchtlinge handelte, die noch rechtzeitig aus Österreich, Deutschland und der Tschechoslowakei geflohen waren. Es waren also Nocheinmal-Davongekommene, und im Verlauf der 1940er Jahre wurde auch immer klarer, wovon sie davongekommen waren.

Ein wesentlicher Aspekt war die tiefe Bindung der Flüchtlinge an ihre Heimatländer, an ihre kulturelle Identität. Das äußerte sich zunächst in der Sprache. Es war nicht bloß eine Frage des Alters oder der Sprachbegabung, dass es ihnen schwerfiel die neue Landessprache Spanisch zu lernen. Sie hingen an ihrer eigenen Sprache, die für sie gleichsam zur tragbaren Heimat geworden war. Und selbst dann, wenn sie Spanisch sprachen, so immer mit einem unverwechselbaren deutschen, österreichischen oder slawischen Akzent. Für die meisten Flüchtlinge war es klar, dass sie keine Assimilation anstrebten: Sie wollten Fremde bleiben, der Abstand zu den ›Eingeborenen‹ war ihnen wichtig.

Vielleicht wird man hier einwenden, das hätte am kulturellen Gefälle gelegen. Die Flüchtlinge kamen aus den Zentren der europäischen Kultur und die ehemaligen spanischen Kolonien waren in vielerlei Hinsicht kulturell unterentwickelt. Aber ich denke, es war nicht das kulturelle Gefälle, das die Emigranten an ihrer angestammten Kultur festhalten ließ. Ähnliches gab es ja auch in der Schweiz, eine Verweigerung der Emigranten, den Schweizer Dialekt, den sie selbstverständlich verstanden, selbst zu benutzen. Auch Flüchtlinge, die in New York lebten, beharrten auf ihrer ursprünglichen Lebensform. Über den Schriftsteller Johannes Urzidill erzählt eine Journalistin, die ihn Ende der 1950er Jahre in New York aufsuchte: »Urzidill lebt wohl seit 17 Jahren in New York, doch diese Stadt ist nur bedingt Amerika, seine Wohnung, sein Arbeitszimmer sind so wie seinerzeit in Prag, aus dem er 1939 hatte fliehen müssen. Damals hatte er nur ein paar Bücher mitnehmen können. Inzwischen hat er die Antiquariate New Yorks jahrelang systematisch durchstöbert und sich eine neue stattliche Bibliothek aufgebaut. […] Und er hat nie eine Störung in seiner Bindung an Europa und an Deutschland empfunden« (Radio Bremen 1962, S. 21). Und von der Begegnung mit dem Literaten Kurt Pinthus heißt es: »Von 11 bis 20 Uhr dauerte das Beisammensein. Was es zu essen gab, war im deutschen Viertel in New York gekauft worden. Die Einrichtung des Arbeitszimmers war bis in die Einzelheiten nicht anders als in Berlin. Damals«

(a.a.O., S. 23). Das Festhalten an der alten Lebensform stand in engem Zusammenhang damit, dass ein Flüchtling zu sein eine Erfahrung ist, die – ähnlich wie ein Erdbeben – alles durcheinanderbringt. Was einem selbstverständlich war, wird einem fremd. Man hält zwar an der eigenen Sprache und Kultur fest, aber letztlich bekommt auch sie eine neue Bedeutung. Ein ecuadorianischer Schriftsteller, der in Paris im Exil lebte, sagte, erst in Frankreich habe er seine eigene Sprache, das Spanische, entdeckt. Für den Emigranten bekommt Kultur eine existenzielle Bedeutung, sie verliert den Luxuscharakter, den sie in der Heimat hatte. Der Emigrant wird mit der Frage konfrontiert: Wieviel Traditionen braucht eigentlich der Mensch? Worauf kann er verzichten? Was kann er neu aufnehmen? Was bleibt und was verändert sich? Bei den Flüchtlingen, mit denen ich als Kind aufwuchs, kam diese existenzielle Auseinandersetzung oft so zum Ausdruck, dass das Deutsche sich seltsam mit dem Spanischen vermischte.

Vor einiger Zeit las ich ein Buch (Kalmar 1997), das mich stark berührte. Der Autor, Fritz Kalmar, stammt aus Wien, flüchtete nach Bolivien und später nach Uruguay. Sein Buch erzählt, wie Flüchtlinge mit ihrem Schicksal fertig zu werden versuchten. Als ich das Buch las, kam es mir vor, als hätte ich selbst all diese Leute gekannt, und erst aus dieser Lektüre wurde mir klar, dass ich in einem ganz bestimmten Stamm von Emigranten aufgewachsen war. Davor hatte ich eher angenommen, dass es halt ganz spezifische Individuen gewesen waren – vor lauter Bäumen hatte ich den Wald nicht gesehen.

Die erste Geschichte heißt »Ay Caramba«. Dieser Titel nimmt Bezug auf einen charakteristischen spanischen Ausdruck, mit dem man Erstaunen kundtut. Kalmar erzählt die Geschichte eines Flüchtlings aus Baden-Württemberg, der in Lima gelandet ist und – obwohl er sich redlich bemüht, im Spanischen nicht weiterkommt. Er beherrscht lediglich 37 Wörter und kann sich kaum verständigen. Natürlich schämt er sich deswegen, kann es jedoch nicht ändern. Die Kultusgemeinde vermittelt ihm schließlich eine Stelle, bei der er des Spanischen nicht bedarf: Er muss sich um die Neuankömmlinge aus Europa kümmern. Wenn er mit diesen spricht – selbstverständlich deutsch – flicht er oft den spanischen Ausdruck »ay caramba« ein. Damit erweckt er bei den des Spanischen nicht mächtigen Neuankömmlingen den Eindruck, er spreche fließend spanisch und könne deutsch nicht mehr anders als mit spanischen Wortbrocken durchsetzt sprechen. Er machte ihnen Mut und sagte, bald würden sie ebenso gut spanisch sprechen wie er. Aus der Geschichte wird klar, dass er sich vor Sehnsucht nach seiner alten Heimat verzehrt. Er spricht immer von seinem Kegelklub und davon, wie nett die Leute dort waren. Die anderen Deutschen mochten grausam gewesen sein, aber die vom Kegelklub waren es nicht. Sobald er nach Kriegsende die Möglichkeit hat, kehrt er nach Deutschland zurück. Die Geschichte illustriert sehr schön die Schwierigkeiten eines Neubeginns: Er kommt nicht über zehn Worte hinaus – und obwohl er es selbst nicht schafft, macht er den anderen Mut, den Neubeginn zu wagen.

Das Buch trägt den Titel *Das Herz europaschwer* und verweist damit auf die starke Bindung der Flüchtlinge an die Kultur ihrer Heimat. Das Verhältnis zur alten Heimat war jedoch voller Widersprüche. Einerseits war die Kultur des Herkunftslandes eine Quelle tiefster Kränkung. Beschimpft, verachtet und von Vernichtung bedroht, mussten sie ihre Kultur verlassen. Andererseits waren sie verwachsen mit dieser Kultur, zu der sie direkt oder indirekt vieles beigetragen hatten. Aber was heißt genau Kultur? Es ging doch weniger um Goethe oder Schiller als um etwas Alltägliches: um die Kaffeehäuser und deren Geselligkeit; ums Essen – um Wiener Schnitzel, Knödel und Apfelstrudel –, um Wein und nicht zuletzt um die Musik. Alte Platten mit den bekannten Opern- und Operettenmelodien sowie Wiener Liedern waren Kostbarkeiten, die man aber immer auch mit einer gewissen Scham genoss. Dem Genuss war stets auch eine Spur des Grauens beigemischt. Man schämte sich auch der Trauer, die einen packte über das Verlorene.

Diese Sehnsucht hat eine mir auch aus Ecuador bekannte Form. Kalmar beschreibt sie in seiner zweiten Erzählung, die er »Übersetzung der Gefühle« nannte:

> »Das Ehepaar Jung kehrte von einem mehrtägigen Ausflug in die Yungas, das von La Paz in etwa vier Autostunden erreichbare subtropische Gebiet, zurück. Finnerl war begeistert. ›Herrlich war das‹, rief sie mit leuchtenden Augen, ›wirklich herrlich, genau wie in der grünen Steiermark. Haargenau so, Berge, Wälder – ist es nicht wunderbar, dass man hier etwas hat, was genau so ist, wie in der Steiermark?‹ Dass in den Yungas Kaffeesträucher und Bananenstauden wachsen, dass man durch Alleen von Orangenbäumen fährt, exotische Früchte wie Papayas und Chirimoyas herumhängen, handgroße Schmetterlinge durch die Luft tanzen, in fast undurchdringlichen Wäldern Papageien schreien, das waren belanglose Abweichungen, die Finnerls Vorstellungskraft nicht schwächen konnten. Es war grün dort, das genügte, damit alles genau so war wie in der Steiermark.

> Auf einem Hügel bei La Paz hatten Wiener Emigranten eine Art Ausflugsstation eingerichtet. Da war ein Gasthaus, und im Freien standen Holztische und Bänke, man konnte dort zu Mittag essen oder nachmittags Kaffee trinken. Die Anlage sah ziemlich trostlos aus, rundherum Sand, Staub, Steine, die Vegetation bestand aus ein paar blassen Eukalyptusbäumen und Kakteen. Finnerl war zu Tränen gerührt. ›Was brauchen wir sonst?‹ rief sie. ›Jetzt haben wir da eine Ausflugsstation, wo man sich am Sonntag erholen kann, und je länger ich mich umschau‹, desto deutlicher seh ich's: Es is wie die Sophienalpe. Es gibt Wurst und Käs' und Bier – nur –‹ sie wurde ernst, sprang auf und lief ins Haus. Nach fünf Minuten war sie wieder da, strahlend, hoch befriedigt. ›Nächste Woche gibt's Salzstangeln. Das war nämlich das einzige, was noch gefehlt hat, damit alles so is wie auf der Sophienalpen‹« (Kalmar, S. 30f.).

Diese Episode zeigt die Schwierigkeiten des Neubeginns von einer anderen Seite: das Neue wird zuerst einmal als bereits Altes, Bekanntes erlebt, das heißt, man darf das Neue gar nicht als solches wahrnehmen. Die Fehlinterpretation hat aber eine wichtige Funktion: sie ist eine Art Übergangsobjekt, das sich die Emigranten mit viel Kreativität geschaffen haben.

Es war eine eigene Welt, die sich die Flüchtlinge aufbauten. Auch unser Speisezettel in Ecuador war ein eindrücklicher Beleg dafür: Wir aßen Braten und Wiener Schnitzel, Bohnen und Spargel, Orangen, Äpfel und Trauben, aber nie Mangos und Chirimoyas. In den Anden, wo ja die Kartoffel ursprünglich herkam, gab es hunderte von Sorten, aber wir aßen nur die, die aus Europa bekannt waren. Und als wir einmal Spargel essen wollten, erinnere ich mich an die Aufregung, weil das Dienstmädchen die Spargelspitzen abgeschnitten und weggeworfen hatte. Von der Kultur der ›Eingeborenen‹ schirmten wir uns sorgfältig ab. Wir lebten gleichsam unter einer Glasglocke, nahmen zwar allerhand wahr, nahmen aber nicht daran teil.

Fremdsein hatte etwas Gutes an sich, man war sogar stolz darauf. Das Problem war nur, dass das, worauf man so stolz war, auch das war, was einen ausgeschlossen, verfolgt und vertrieben hatte. Und dieses zwiespältige Verhältnis zu ihrem Herkunftsland schmälerte bei den Emigranten den kulturellen Hochmut. Man könnte auch sagen: Ihre Identifikation mit der eigenen Kultur war zerbrochen. Deshalb wurde auch die Rückkehr so schwierig.

Der Umstand, dass man in der Fremde immer das Eigene suchte, dass man in den Anden fand, was man in den Alpen verloren hatte, bedeutete nicht, dass man leicht wieder in die alte Heimat zurückfinden konnte. Von Finnerl, die mit so viel Geschick Österreichisches in Lateinamerika entdeckte, nahmen alle an, sie werde nach dem Krieg sofort wieder nach Wien zurückkehren. Das tat sie auch. Aber sie kehrte bald wieder nach Uruguay zurück:

> »›Ich werd euch was sagen‹, sprach Finnerl schließlich, ›Österreich is ja wunderbar, großartig, es gibt nix Schöneres auf der ganzen Welt. Aber es is so fremd. Net? Schauts, hier hab ich meine Wohnung, genau so schön wie irgendeine in Wien, und da vorn, der Rio de la Plata, der ist doch wie die Donau. Da links, is das net genau so wie der Prater? [...] Und hier bin ich eben – wie zu Haus‹« (Kalmar 1997, S. 33).

Der letzte Satz ist der Entscheidende. Das Höchste, was der Flüchtling erreichen kann, ist, dass er sich *so wie* zu Hause fühlt. Zu Hause im eigentlichen Sinn wird er sich nämlich nirgends mehr fühlen, auch wenn er in die alte Heimat zurückkehrte. Sein Heimatgefühl und damit auch das Gefühl für das, was fremd ist, haben gleichsam einen Riss. Aber eben dieser Riss ermöglicht den Neubeginn. In einem Interview mit der vorhin zitierten Journalistin, sagt eine Emigrantin: »Durch alles, was ich erlebt habe, habe ich den Glauben an Gott verloren, aber den an die Menschen gefunden. Das ist verständlicher, produktiver und realistischer« (Radio Bremen 1962, S. 116).

Den Riss bekommt man als Kind, das in einem solchen Milieu aufwächst, mit. Ich zum Beispiel hatte nie das Gefühl, ein richtiger Ecuadorianer zu sein. Wenn ich aber das nicht war, was war ich dann? Als Schweizer fühlte ich mich auch nicht, ich wusste ja gar nicht, was das war. Ebenso nicht als Österreicher. Überhaupt sah auf der Landkarte alles so klein aus. Suiza, Schweiz, verwechselte man leicht mit Suecia, Schweden, und Austria klang ähnlich wie Australia. Und unvorstellbar war es, welche Unterschiede zwischen Schweizern und Österreichern vorhanden sein könnten. Alles war eins – Europa. Und das war etwas wie ein Traum. Schlösser, Napoleon, Mozart und der Eiffelturm. Es hatte etwas Kostbares und Unerreichbares an sich.

Wenn ich nun sagen müsste, was das Wertvollste ist, das ich in diesem Milieu mitbekommen habe, so würde ich keinen Augenblick zögern: es ist eine tiefe Zuversicht, dass man auch unter den schwierigsten Bedingungen überleben kann, und dass es sich lohnt, alles Äußere aufzugeben, um sein Leben zu retten. Das Leben geht weiter. Als Kind kamen mir all die Leute, die sich sonntags in Quito im Park trafen und miteinander plauderten, sehr alt vor. Ich sehe sie noch vor mir, wie sie die gemieteten Holzbänke unter einen riesigen, Schatten spendenden Baum stellten. Sie gingen den verschiedensten Berufen nach, oft ganz anderen als sie in ihrer Heimat ausgeübt hatten. Einige hatten Kinder in meinem Alter, andere waren stets voller Sorge, was mit ihren Kindern, die in Europa geblieben oder in andere Länder ausgewandert waren, geschehen sei. Sie nahmen alle Anteil am Schicksal der anderen. Das waren keine Siegergestalten, sondern gebrochene Menschen. Aber dadurch hatten sie jede Form von Selbstgerechtigkeit eingebüßt und eine besondere Art von Menschlichkeit entwickelt.

Bisher war die Rede von den Flüchtlingen – kommen wir nun auf einige spezifische Merkmale der eigentlichen Emigranten. Als meine Mutter und ich 1953 in die Schweiz kamen, war das für mich eine Art Emigration oder Immigration. Für mich war es eine Auswanderung aus Ecuador und eine Einwanderung in die Schweiz. Auf den ersten Blick sah es natürlich nicht so aus – man hätte glauben können, meine Mutter kehre in ihre Heimat zurück und ich mit ihr. Aber für jemanden, der auf der Flucht gewesen ist, ist die Heimat nie mehr dasselbe wie zuvor. Und für mich war Zürich eine fremde Stadt, mit einer fremden Kultur, in der ich mich zurechtfinden musste.

Ein Tourist besucht die Fremde, weil sie ihn verlockt, weil er sich fürs Exotische interessiert, und er sich so auch zu erholen hofft. Beim Emigranten, der nicht deshalb auswandert, weil er verfolgt wird, sondern weil er besser leben möchte, ist es anders. Er hat seinen Ursprungsort in der Hoffnung verlassen, dass es im neuen Land besser sein werde. Sonst würde er ja nicht weggehen. Das ist ein wesentlicher Faktor: Das Neue ist das Bessere und das Alte das Schlechtere. Ein erstes und immer wieder aufbrechendes Problem des Emigranten ist die Entwertung seines Ursprungs. Das Land, in das er einwandert, ist per definitionem das bessere Land mit der höheren Kultur. Und das ist nicht leicht zu ertragen. Hinzu kommt, dass die Einheimischen meist etwas Selbstgerechtes haben. Ihnen ist klar, dass sie die Besseren sind. Und sie erwarten deshalb auch Anpassung und zwar möglichst ohne Widerspruch.

Ich glaube, dass dies ein zentrales Problem von Emigranten ist und zwar ein Problem, das kaum aus der Welt zu schaffen ist. Es hat mit der Fraglosigkeit zu tun, in der die Einheimischen leben. Sie kennen den Riss nicht, der entsteht, wenn das Selbstverständliche einer Kultur zerbricht. Das Judentum hat sich zwar seit jeher gegen Entwertungen wehren müssen. Der Antisemitismus ist ja nichts anderes als eine solche Entwertung. Aber der Jude konnte sich dagegen wehren, indem er seinen Glauben und seine Kultur als überlegen betrachtete. Der Emigrant ist nicht in einer so privilegierten Situation: Seine Kultur gilt als die mindere. Und der Umstand, dass er aus seiner eigenen Kultur weggehen musste, beweist, dass die hiesige auch die bessere ist.

Ich habe dies bei meiner Einwanderung in die Schweiz sehr empfunden. Ecuador wurde damals abschätzig als ›Bananenrepublik‹ bezeichnet. Dass es zu den wenigen Ländern gehörte, die den verfolgten Juden Zuflucht boten, wurde gar nicht in Erwägung gezogen. Damals gab es noch kaum Diskussionen über die fragwürdige schweizerische Asylpolitik. Nachträglich habe ich mich gewundert, wie schnell ich das Spanische vergessen und das Schweizerdeutsch erlernen konnte. Jahre später habe ich mir das Spanische wieder angeeignet und rede es heute – mit Schweizer Akzent. Aber mein Schweizerdeutsch ist nicht ganz rein. Einem Schweizer fällt bald auf, dass etwas nicht stimmt. Ich mache Fallfehler und wenn ich etwas übersetzen soll, fällt mir nie unmittelbar das richtige Wort ein. Es ist eben doch eine Fremdsprache, auch wenn ich die Sprache, mit der ich aufgewachsen bin, das Spanische, vergessen habe. Eine gewisse Selbstverständlichkeit fehlt.

Flucht oder Emigration ist heute kein seltenes oder außergewöhnliches Schicksal. Flüchtlinge und Emigranten sind schon immer auch ein wichtiger Motor der Geschichte gewesen. Die Geschichte des Judentums ist ein eindrückliches Beispiel dafür. Aufgrund ihrer Fremdheit spielten die Juden in den Kulturen, in denen sie lebten, oft eine wichtige Vermittlerrolle. Ob in Spanien, Holland, England oder Deutschland – die Juden erwiesen sich als treibende Kraft im Kulturwandel. Der Antisemitismus ebenso wie Fremdenangst waren deshalb immer auch Ausdruck der Angst vor dem Wandel und dem Neubeginn.

2. Ausblicke und Neubeginn

Der Mensch ist kein Baum, und deshalb haftet dem Diskurs über die ›Entwurzelung‹ oft etwas Reaktionäres an. Migrationen gehören zur Geschichte des Menschen. Auch wenn der Mensch nicht aus Not flüchten müsste, gäbe es migratorische Bewegungen, und zwar aus dem Motiv der Faszination am Fremden. Man geht in die Fremde, um Neues in Erfahrung zu bringen.

Michael Balint spricht über den »Neubeginn«, mit dem jede Analyse aufhören sollte. Es gehe um die Frage, inwiefern es dem Analysanden gelinge, »Stück für Stück seine bisherigen gewohnten, automatischen Objektbeziehungen, oder mit anderen Worten, seine unheilvolle Weise des Liebens und Hassens« (Balint 1965, S. 283) aufzugeben.

> »Wiederholte schlechte Erfahrungen, die in einigen Fällen das Gewicht echter Traumen hatten, hatten ihn seinerzeit in seine neurotischen Weisen des Liebens und Hassens hineingezwungen. Jetzt, in der Sicherheit der analytischen Übertragung, schien er seine Abwehr versuchsweise aufgeben, auf einen – noch – ungesicherten, naiven, das heißt prätraumatischen Zustand regredieren und *neu beginnen* zu wollen, zunächst auf primitive, bald aber immer reifere, nicht-neurotische (soweit dies überhaupt denkbar ist) Form zu lieben und zu hassen« (a.a.O., S. 284).

Wir können all diese Überlegungen dazu benutzen, das Problem der Emigration besser zu verstehen. Wir wissen alle, wie schwer der Neubeginn, wie mächtig der Wiederholungszwang ist. Die Frage ist, inwiefern sich in der Emigration Sicherheit gewinnen lässt, einen Neubeginn zu wagen. In dieser Perspektive erscheinen die Versuche der Emigranten, an ihrer Herkunft festzuhalten und eine Art Übergangsobjekte zu schaffen, Bemühungen zu sein, Sicherheit herzustellen.

> »Das erste und ewige Ziel aller Objektbeziehungen ist der primitive Wunsch: *Ich möchte geliebt werden* ohne Verpflichtung meinerseits, ohne dass die anderen etwas von mir als Gegenleistung erwarten. Alle ›erwachsenen‹ Weisen der Objektbeziehungen, das heißt des Liebens und Hassens, sind Kompromisse zwischen dem ursprünglichen Wunsch und der Hinnahme einer unfreundlichen, unlustbereitenden, gleichgültigen Realität. Wenn ein neurotischer [...] Kompromiss durch die Analyse aufgehoben wird, kommt die alte, primitive Art der Liebe wieder zum Vorschein. Das muss man erkennen und dem Patienten erlauben, auf diesen archaischen, prä-traumatischen Zustand zurückzugehen, zu ›regredieren‹. Je mehr der Patient imstande ist, sich von den erworbenen Formen der Objektbeziehung freizumachen, um so besser ist er imstande, neu zu beginnen und eventuell eine nicht-neurotische, erwachsene Form der Liebe zu entwickeln« (op. cit., S. 284).

Wir können nun ein wenig genauer sagen, was Glück, was Unglück in der Emigration ist: Glück heißt das Gelingen des Neubeginns; Unglück bedeutet, dass der Wiederholungszwang die Oberhand gewonnen hat. Hier werden auch gewisse Parallelen zur Adoleszenz sichtbar, denn auch in ihr stellt sich die Frage, ob es zu einem Neubeginn kommt, oder ob sich lediglich die Traumata der Kindheit wiederholen.

Wünschenswerte psychische Prozesse, die im geschützten und kontrollierten Rahmen der Therapie ablaufen, können auch nur dasselbe erreichen, was im Rahmen der Kultur möglich ist. Ich beziehe mich dabei auf die Überlegung, dass die Therapie auch nur das erreichen kann, was eine gelungene Adoleszenz zustande bringen kann. Auf die Migrationsproblematik übertragen heißt das: Die Migration zeigt, zu welchen Änderungen und Wandlungen der Mensch imstande ist. Hier finden wir einen wichtigen Grund dafür, weshalb man sich als Therapeut mit Migrationsbewegungen beschäftigen soll. Jeder Therapeut muss sich Gedanken über die Wandlungsfähigkeiten des Menschen machen. Je nachdem, welche Einstellung er dazu hat, je nachdem, was er für möglich hält und was nicht, wird er sich in den Therapien verhalten. Die Beschäftigung mit Kulturtheorie und Geschichte erweist sich nicht zuletzt deshalb als unverzichtbar, weil sie die Bandbreite der Veränderungsmöglichkeiten sichtbar macht und man sich vor die Frage gestellt sieht, inwiefern solche Veränderungen auch therapeutisch möglich sind. Das gilt im Positiven wie auch im Negativen: Therapien können auf die Individuen ebenso schädlich und traumatisch wirken wie historische Prozesse. Aber das gilt auch in einem positiven, uns hier besonders interessierenden Sinn: Historischen Prozessen können wir auch entnehmen, zu welcher Art von Neubeginn der Mensch imstande ist.

Literatur

Balint, M. (1966): Die Urformen der Liebe und die Technik der Psychoanalyse. Bern und Stuttgart (Ernst Klett und Hans Huber).

Kalmar, F. (1997): Das Herz europaschwer: Heimwehgeschichten aus Südamerika. Wien (Picus).

Radio Bremen (1962): Auszug des Geistes. Bericht über eine Senderreihe. Bremen (Verlag B.C. Heye & Co.).

Die Autorinnen und Autoren

Apitzsch, Ursula, ist seit 1993 Professorin am Fachbereich Gesellschaftswissenschaften der J.W. Goethe-Universität Frankfurt und seit 1998 Mitglied im Direktorium des Cornelia Goethe Centrums für Frauenforschung und die Erforschung der Geschlechterverhältnisse an der Universität Frankfurt. Von 1995–1999 war sie Vorsitzende der Sektion Biografieforschung der DGS, Board Member der International Sociological Association für »Sociology & Biography«. Sie leitete verschiedene Forschungsprojekte, derzeit das internationale Forschungsprojekt »The Chances of the Second Generation in Families of Ethnic Entrepreneurs: Intergenerational and Gender Aspects of Quality of Life Processes« am Frankfurter Institut für Sozialforschung. Ihre Arbeitsschwerpunkte in Forschung und Lehre sind: Kulturanalyse, Biografieforschung, Untersuchungen zu Migration, Ethnizität und Gender.

Ardjomandi, Mohammad Ebrahim, Dr. med., Facharzt für Psychiatrie, Neurologie und Psychotherapeutische Medizin, Psychoanalytiker (DPG; DGPT) und Gruppenanalytiker (DAGG), Lehranalytiker (DPG) in Göttingen, Herausgeber des *Jahrbuchs für Gruppenanalyse und ihre Anwendungen*, geboren 1932 in Larestan/Iran, studierte zuerst an der Universität Teheran Archäologie, emigrierte 1954 in die BRD, wo er mit dem Medizinstudium in Göttingen begann. Von 1981 bis 1997 leitete er den Funktionsbereich für *klinische Psychotherapie Erwachsener* in der Klinik Tiefenbrunn bei Göttingen. Seit 1997 in eigener Praxis tätig. Zahlreiche Veröffentlichungen zu Psychoanalyse der orientalischen Moslems und zu Migration.

Bataller Bautista, Isabel, Dr. phil., Diplom-Psychologin, Psychoanalytikerin. Von 1993 bis 1995 wissenschaftliche Mitarbeiterin an der Universität Bremen; Lehrbeauftragte an der Universität Bremen; Dozentin bei der Fortbildung von Ärzten mit dem Thema *Bedeutung ethnischer und kultureller Unterschiede*. Wissenschaftliche Schwerpunkte: Migration; geschlechtsspezifische Entwicklungstheorien. Verschiedene Veröffentlichungen dazu.

Erdheim, Mario, 1940 in Quito, Ecuador geboren. Seit 1953 in Zürich. Studium der Ethnologie, Philosophie und Psychologie in Wien, Basel und Madrid. Seit 1975 in Zürich als Psychoanalytiker tätig. 1982 erschien bei Suhrkamp *Die gesellschaftliche Produktion von Unbewusstheit*. 1986 Habilitation in Frankfurt. Zahlreiche Aufsätze zu Kultur und Adoleszenz.

Gerlach, Alf, Dr. med., ist Diplom-Soziologe und Arzt. Psychoanalytische Ausbildung am Sigmund-Freud-Institut Frankfurt am Main. Nach 12 Jahren Tätigkeit in der Abteilung Psychotherapie und Psychosomatik der Frankfurter Universitätskliniken bei Prof. Dr. Stavros Mentzos seit 1986 niedergelassen in eigener psychoanalytischer Praxis, seit 1992 in Saarbrücken. Lehranalytiker der DPV und DGPT, Mitglied des Vorstandes der DGPT. Seit 1983 ethnopsychoanalytische Forschung in China.

Kohte-Meyer, Irmhild, Dr. med., Psychoanalytikerin (DPG; DGPT) in freier Praxis für Erwachsene, Jugendliche und Kinder; Fachärztin für Psychotherapeutische Medizin, für Kinder- und Jugendpsychiatrie und -psychotherapie, für Kinderheilkunde; Weiterbildungsbefugte für Psychotherapie in der Kinder- und Jugendpsychiatrie an der Humboldt-Universität Berlin (Weiterbildungskreis für tiefenpsychologisch fundierte Psychotherapie in der Kinder- und Jugendpsychiatrie Berlin e. V.); Ärztliche Leiterin der *Kinder- und Jugendpsychiatrischen Beratungsstelle* Berlin-Kreuzberg von 1978–1986 und Ärztliche Leiterin des Modell-Projektes der Bundesregierung *Psychosoziale Beratung für ausländische (insbesondere türkische) Kinder, Jugendliche und ihre Angehörigen* von 1981–1986. Wissenschaftliche Arbeiten zu: Transkulturelle Psychoanalyse und Migration, psychohistorischen und kulturkritischen Fragestellungen.

Scheifele, Sigrid, Dr. phil., Diplom-Soziologin, Diplom-Psychologin, Psychoanalytikerin. Von 1984 bis 1994 wissenschaftliche Mitarbeiterin am Fachbereich Gesellschaftswissenschaften der Johann Wolfgang Goethe-Universität Frankfurt am Main. Interessenschwerpunkte: Analyse des Geschlechterverhältnisses, psychoanalytisch-tiefenhermeneutische Kulturanalyse, interkulturelle Psychoanalyse. Veröffentlichungen u.a. zu Heinrich von Kleist, Elias Canetti, Ingeborg Bachmann, Assia Djebar.

Sturm, Gesine, geboren 1965, Diplom-Psychologin, Psychotherapeutin, lebt in Frankreich. Sie arbeitet zurzeit als Psychotherapeutin im Hôspital Avicenne bei Paris und gleichzeitig an ihrer Dissertation in Bremen (Kulturwissenschaften) und Paris (Psychologie). Interessenschwerpunkte: transkulturelle Psychotherapie, Psychodrama, Behandlung traumatisierter Patienten. Gründungsmitglied des Bremer Instituts für Kulturforschung, Redaktionsmitglied der Zeitschrift *L'Autre. Revue transculturelle.*

Robert E. Feldmann, Jr., Günter H. Seidler (Hg.)

Traum(a) Migration

Aktuelle Konzepte zur Therapie traumatisierter Flüchtlinge und Folteropfer

2013 · 309 Seiten · Broschur
ISBN 978-3-8379-2261-5

Kriege, Konflikte, Naturkatastrophen oder wirtschaftliche Verhältnisse verursachen weltweit anhaltende Migrationsströme nach Europa.

Erlebnisse während der Flucht, Trennung von der Familie, Haft oder Folter bergen für die Betroffenen nicht selten ein hohes Risiko für die Entwicklung psychisch reaktiver Traumafolgestörungen. Im deutschsprachigen Raum ist ein zunehmender Bedarf an medizinischer Versorgung traumatisierter Flüchtlinge, immigrierter Folteropfer und deren Folgegenerationen zu verzeichnen. Trotz vielfältiger Bemühungen ist das psychiatrisch-psychotherapeutische Versorgungssystem in Deutschland bislang nicht ausreichend in der Lage, die Gruppe der PatientInnen mit Migrationshintergrund angemessen zu versorgen.

Für das vorliegende Buch haben namhafte Expertinnen und Experten wissenswerte Hintergrundinformationen, neuste transkulturelle Behandlungskonzepte und prägnante klinische Fallbeispiele zusammengestellt und analysiert. Ergänzt wird der Band durch die Vorstellung der überarbeiteten Standards zur Begutachtung psychisch-reaktiver Traumafolgen in aufenthaltsrechtlichen Verfahren, die von der Deutschen Ärztekammer übernommen wurden.

David Zimmermann

Migration und Trauma

Pädagogisches Verstehen und Handeln in der Arbeit mit jungen Flüchtlingen

2012 · 266 Seiten · Broschur
ISBN 978-3-8379-2180-9

Das Leben zwangsmigrierter Jugendlicher ist durch extreme Belastungen gekennzeichnet, die von den erlebten Kriegserfahrungen bis zur gestörten familiären Interaktion im Exil reichen.

Diese Erfahrungs- und Erlebenswelten der Jugendlichen unterzieht der Autor anhand zahlreicher Fallbeispiele einer genauen Analyse.

Es zeigt sich, dass der verantwortungsvolle Umgang mit der Traumatisierung dieser jungen Menschen für die pädagogische Arbeit eine besondere Herausforderung darstellt, für die bislang kaum Konzepte vorliegen. Indem der Autor auf die Erkenntnisse der Traumaforschung, insbesondere die Konzeption der sequenziellen Traumatisierung zurückgreift, entwickelt er einen innovativen, pädagogisch sinnvollen Verstehenszugang. Daraus leitet er konkrete Handlungsoptionen sowohl für den schulischen als auch für den außerschulischen Bereich ab.

www.ingramcontent.com/pod-product-compliance
Ingram Content Group UK Ltd.
Pitfield, Milton Keynes, MK11 3LW, UK
UKHW040025200726
13854UKWH00001B/376

9 783898 068642